应用型人才培养综合改革文集

（下册）

计宏伟　王立争　成桂英　主编

南开大学出版社

天　津

图书在版编目(CIP)数据

应用型人才培养综合改革文集. 下册 / 计宏伟，王
立争，成桂英主编. —天津：南开大学出版社，2017.9
ISBN 978-7-310-05371-1

Ⅰ. ①应… Ⅱ. ①计… ②王… ③成… Ⅲ. ①高等学
校—人才培养—教育改革—研究—中国—文集 Ⅳ.
①G649.21—53

中国版本图书馆 CIP 数据核字(2017)第 093242 号

南开大学出版社出版发行

出版人：刘立松

地址：天津市南开区卫津路 94 号　　邮政编码：300071
营销部电话：(022)23508339　23500755
营销部传真：(022)23508542　　邮购部电话：(022)60266518

*
天津午阳印刷有限公司印刷
全国各地新华书店经销
*

2017 年 9 月第 1 版　　2017 年 9 月第 1 次印刷
210×148 毫米　32 开本　7.25 印张　205 千字
定价：42.00 元

如遇图书印装质量问题，请与本社营销部联系调换，电话：(022)23507125

前　言

　　2015 年，教育部、国家发展改革委、财政部联合发布《关于引导部分地方普通本科高校向应用型转变的指导意见》指出：随着我国经济发展进入新常态，人才供给和需求发生了深刻的变化，高等教育结构性矛盾更加突出，生产服务一线紧缺的应用型、复合型、创新型人才成为经济发展急需人才。由此，部分地方高校需要转型发展，教育目标和质量标准应更加对接社会需求、更加符合应用型高校的办学定位。在此背景下，为顺应国家高等教育发展战略和经济社会发展的需要，深入研判学校当前面临的战略机遇，全面深化学校内涵式发展，天津商业大学于 2016 年 3 月开始，集中利用两个月时间，在全校范围内深入开展"促转型、争一流、深化内涵发展"办学思想大讨论活动，进一步明晰发展定位，谋划发展战略，推动转型，争创一流。经过深入研讨谋划，天津商业大学出台《天津商业大学"十三五"专业建设发展规划》，确立"育经世之商才，授致用之术业"的办学理念，确立向应用型转型发展为学校事业发展的主要路径。为了提高天津商业大学应用型人才培养质量，教务处将广大教师近期围绕"应用型人才培养"这一课题的研究成果汇总，推出《应用型人才培养综合改革文集》，以期促进我校"十三五"专业建设规划目标的实现。

　　本书分上下两册，上册由三个模块构成，主要内容如下：模块一为教育思想、教育理念，包括应用型、复合型专业综合改革研究，具有我校特色的应用型教育新体系研究；模块二为专业建设与人才培养模式，包括具有商学特色的应用型专业体系构建研究与实践，商学特色对接产业链、创新链专业群研究与实践，产教融合、校企合作的协同育人模式研究与实践，跨学科复合型专业建设的研究与实践，特色优势专业建设的研究与实践，围绕专业定位、专业培养方案、专业特色等方面的专业综合改革与实践；模块三为实践（实验）教学，包括应用型专业实践教育和基地建设研究，虚拟仿真教学实验室开发、建设与研究，实验教学模式改革研究与实践，专业实践（实验）教学体系研究与实践，基础课、专业基础课中新增、更新实验内容的研究与实践，学生综合实践能力培养模式改革与实践教育基地建设研究与实践，大学生创新创业训练计划管理机制及平台建设研究与实践；下册由两个模块构成，主要内容如下：模块一为教学方法、教学内容与课程体系改革，包括慕课教学研究与实践，课程教学模式、教学方法、考核方式等综合改革与实践，"双语教学"研究，特色教材建设与改革，课程体系优化与课程教学内容改革的研究与实践；模块二为教学组织和教学管理，包括教学质量监控方法及教学审核性评估研究，专业综合评价研究，名师培育与教学团队建设，教学运行模式、管理机制、管理方法、管理手段的改革，高等教育信息化建设研究（教学资源平台建设与管理、多媒体教学质量保障机制、信息技术与教育教学深度融合研究、网络智能作业系统开发等）。

　　本次论文征集承蒙广大教师积极投稿支持，但由于篇幅所限，经由专家筛选，有部分论文未被录用，在此深表遗憾，再次感谢广大教师的支持！感谢南开大学出版社策划编辑王乃合老师和责任编辑张肃、张丽娜老师高质量和高效率的编辑工作！

主编

2017 年 2 月

目　录

教学方法、教学内容与课程体系改革

教学组织和教学管理

教学方法、教学内容与课程体系改革

关于慕课（MOOC）的发展现状与思考①

王　颖　姜子涛②

摘　要：虽然慕课（MOOC）出现的历史不长，但发展十分迅速，如今已经席卷了全球 200 多个国家。在进入我国不到五年的时间里，慕课为传统教育带来了创新与发展，同时也带来了机遇与挑战，这引发了许多教育工作者的探索和思考。本文拟从慕课的定义与背景着手，分析慕课的分类与特征，研究慕课在我国的发展现状，提出自己的分析与思考。

关键词：慕课；发展现状；思考

随着信息技术的发展，一种基于网络的学习行为，即在线教育（E-Learning）出现在人们的视野中，而慕课，全称为大规模开放式在线课程（Massive Open Online Course，简称 MOOC），成了当前一种热门的新兴在线学习形式。由于慕课具有大规模和开放性等特点，现在已经成为国内外研究的热点。本文试图梳理慕课在国内的发展现状，并通过对慕课的思考，为改变传统教育模式提供新的启示。

一、慕课的定义与背景

所谓"慕课"（MOOC），其中，第一个字母"M"为"Massive"（大规模），与传统课程上仅有几十或几百个学生不同，一门慕课课程

① 本文为天津商业大学教学团队食品质量与安全专业教学团队项目（15TDJS0103）与天津商业大学重点教改项目（TJCUZD201408）资助。

② 王颖，博士，天津商业大学生物技术与食品科学学院讲师，主要从事食品添加剂方面的研究。姜子涛，博士，天津商业大学生物技术与食品科学学院教授，博士生导师，主要从事食品添加剂方面的研究。

可以有上万人参与；第二个字母"O"为"Open"（开放），教学方式以兴趣为导向，但凡是想学习该门课程的人，都可以参与学习，并且可以不分国籍，只需要注册一个邮箱，就可参与学习；第三个字母"O"为"Online"（在线），指的是所有学习均通过网络完成，不受时空限制；第四个字母"C"为"Course"，是课程的意思。而维基百科对其的定义为："MOOC 是一种以开放访问和大规模参与为目的的在线课程。"

慕课课程最早由戴夫·科米尔（Dave Cormier）等人提出，这门名为"联通主义和连接性知识（Connectivism and Connective Knowledge）"的课程吸引了 2 300 名世界各地的学生免费在线参与，他们通过在线论坛等方式进行讨论和交流，并且共享学习资源。随后，许多教育工作者也逐步开始尝试以这种新型的课程形式来设计课程。例如，由斯坦福大学塞巴斯蒂安·特龙（Sebastian Thrun）教授讲授的"人工智能导论"（Introduction to Artificial Intelligence）的试探性慕课课程吸引了 16 万学生的注册参与，他们分别来自190 个不同的国家。此后，慕课迅速风靡全球，世界各国的学生均掀起了一股学习慕课课程的热潮。

二、慕课的分类与特征

根据设计侧重点的不同，莱恩（Lisa M. Lane）将慕课划分为三种类型，即基于内容的慕课（Content-based MOOC，简称 xMOOC）、基于网络的慕课（Network-based MOOC，简称 cMOOC）和基于任务的慕课（Task-based MOOC，简称 tMOOC），尤以 xMOOC 更为常见。这可能是由于 xMOOC 以认知主义学习理论为基础，更侧重于知识传播和复制，强调学生掌握课程内容，这与当今社会的主流——以学位教育为主的正规高等教育的课程相接轨。同时，xMOOC 具有以美国名校的 Coursera、Udacity 和 edX 三大 MOOC 平台为代表的，系统化的平台支持服务，并具有结构化的课程体系和完整的课程结构，以作业、测试和教学视频等为学习方式，强调学习者获取和掌握课程内容。该慕课模式同时组合多种媒体来呈现和讲解课程内容，并且在学习者学习过程中，能够得到及时的反馈。基于以上各种优点，xMOOC 更容易被学习者接受。即使 xMOOC 具有传统课堂教学的一些特征，但其呈现的是一种由先进技术支持的，对传统课程模式的突破和创新。

与 xMOOC 相比，cMOOC 是基于关联主义理论基础的，因此更侧重于知识的创造与生成，即知识是靠网络化连接的，学生们在社交化网络中，对于同一话题进行讨论、交流，从而建立知识节点，并最终在整个知识网络中形成由多群体学习路径组成的生成式课程。cMOOC 通常围绕某一特定的课程主题，每一至两周研究某一主题，注重学习者的自发性和自主性学习，因此，学习者可以根据自己的习惯、个人喜好来自主地、选择性地学习不同的内容，决定其自身的进度和偏好，而并不强调课程评价。因此可以说，cMOOC 是对传统高等教育的又一次创新和超越。

基于任务的 tMOOC，顾名思义，以任务为驱动，即学生之间开展协作学习，通过完成课程预设的学习任务，从而取得相应的专业技能，该模式更注重于学习者对知识的能动加工。

三、慕课在我国的发展现状

早在慕课学习风暴掀起之前，国内的高等教育已多次投资建设网络课程资源。早在 2000 年时，中国教育部高等教育司启动了面向全国高校的"新世纪网络课程建设工程"，而 2012 年慕课"数字海啸"的学习风暴掀起之后，国内越来越多的高校陆续跟进。例如，清华大学、北京大学、香港科技大学、香港大学这 4 所大学加盟 edX，北京大学、上海交通大学、复旦大学、香港科技大学、香港中文大学、台湾大学这 6 所大学加盟 Coursera，而其中，北京大学和香港科技大学这两所大学同时加盟了 edX 和 Coursera。2013 年，清华大学构建了自主的慕课平台"学堂在线"，是我国首个推出慕课平台的大学。同年，在多个涉及教育技术及教育信息化的论坛上，慕课都成为与会者热烈讨论的内容之一。

如今，中国高校的慕课发展已经从国外学习、借鉴阶段发展到国内建设、实践阶段，成立了众多的慕课教育平台，除了由知名大学所创办的慕课平台如学堂在线等，一些网络平台如极客学院、慕课网等也逐步出现在公众的视野中。随着慕课的发展，部分大学也在积极探索新型的慕课形式，例如，上海交通大学提出的"MOOC inside"概念，即为面向在校生而采用的翻转课堂的教学模式；而复旦大学则积极探索以慕课为载体的混合式教学改革新形式。慕课网等网络平台更是将自身的优势集中于专业技能教育，从而获得了不错的反响。

四、关于慕课热潮的思考

虽然，近年来对慕课的呼声颇高，甚至有人预言其会颠覆并取代高等教育，然而，另一部分人却提出了不同的意见。对于"慕课的商业化会使大学教师失去对课程内容知识产权""虽然技术促进了联通，却不能保证互动"等问题的担忧，导致对慕课的质疑、反思甚至是反对的声音同时伴随着对慕课的支持而存在，甚至有一些学者将 2013 年称为"反转 MOOC 年"。因此，慕课作为一种新形势下的新型教育模式，还需要更深入的思考与探索。

（一）学习的持续性

菲尔·希尔（Phil Hill）教授通过分析慕课平台的统计数据，得出了一个令人吃惊的结果：约有 47%的学习者开课前在某些慕课平台中进行了注册，但之后从未进行过该课程的学习。由 Coursera 平台的统计数据可知，某一线上名为"人工智能"课程，注册时有 16 万名学生，而其中只有 14%的学生最终完成了该课程。从以上的例子可以看出，虽然在慕课热潮掀起之后，注册慕课课程的人数很多，但是，能够真正完成慕课课程学习的人却很少，甚至有些学习者根本就没有参加课程学习。

造成课程完成度低的原因有很多。首先，慕课课程要求参与的学习者本身具有高度的自控能力和自觉性，因此，并不是所有的学习者都适合慕课的这种学习模式。其次，可能是由于当前大多数慕课平台上的大部分课程是英文讲授，因此，这使得语言与文化差异的影响极为显著。2013 年，果壳网进行的一项用户调查显示，该平台上阻碍慕课学习者学习的主要因素中 55%是语言障碍。最后，大规模的运行方式加重了教师的课余负担，教授和助教们无法对学习者提出的疑难问题进行及时解答。Coursera 平台曾做过统计，该慕课平台的学习者在讨论区提出问题后获得回应的平均时间间隔约为 22 分钟，换言之，如果学习者的个人需求时常被淹没在慕课平台的海量信息中，那么其学习积极性也必然会受到影响。

（二）学习成果的有效认证

如何实现学习成果的认证是很多学习者关注的焦点之一。慕课课程通常会在其考试结束后，为课程的学习者颁发相关的课程证书，但这些学习成果却并未得到权威机构或大学的认证。虽然是否能够授予学分被认为是慕课课程实现可持续发展的关键问题，但是，毕竟于虚拟环境中进行的考试和学分认证的可靠性和有效性仍然有待考究，因为毕竟不是每个学习者都拥有较高的道德水平和较强的自制能力。

另外，慕课平台中所宣称的"三名"课程其实也并不一定就是高质量的课程，这一点从许多高校并不愿意授予本校慕课相应学分的行为中也可窥见一斑。对 6000 多个校外学习中心的一项调查显示，70%的网络学院"从未进行过任何远程教育研究"。尽管这些受调查的网络学院，根据设立了内部质量的保证机制，但实际上只有 20%的机构为该中心的教师提供了培训。因此，尽管名师们在科学研究或传统课堂教学中获得了很高的荣誉，也不能代表他们具有很高的信息素养以及在网络教学方面的丰富经验。因此，针对慕课建立严格的课程标准与评估机制，从而保证慕课课程的"学分"和"证书"的可信度，也就成了慕课亟待解决的重要问题之一。

慕课的出现的确给网络教育带来了新的生机，同时也给当今社会的高等教育带来了机遇和挑战。因此，我们既不能由于慕课理论上所具有的一些优越性作为现实的优点而盲目乐观，但也不应该因为慕课在其发展过程中所遇到的挑战而对其失去信心。综上所述，我们应该正视慕课在其发展中所遇到的问题，并探索解决途径，最终让慕课发挥其应有的功能，为高等教育提供更好的服务。

参考文献

［1］Wikipedia. MOOC［EB/OL］. https://en.wikipedia.org/wiki/Massive_open_online_course，2016-10-28.

［2］Daniel J. Making sense of MOOCs: Musings in a maze of myth, paradox and possibility［J］. Journal of interactive Media in education，2012（3）.

［3］王颖，张金磊，张宝辉. 大规模网络开放课程（MOOC）典型项目特征分析及启示［J］. 远程教育杂志，2013（4）：67—75.

［4］Lane L. Three kinds of MOOCs［EB/OL］. http://lisahistory.net/wordpress/2012/08/three-kinds-of-moocs/，2013-05-20.

［5］王永固，张庆. MOOC：特征与学习机制［J］. 教育研究，2014，35（9）：112—120.

［6］樊文强. 基于关联主义的大规模网络开放课程（MOOC）及其学习支持［J］. 远程教育杂志，2012，3（3）：1—36.

［7］edX. Schools and Partners［EB/OL］. https://www.edx.org/schools-partners，2014-07-10.

［8］Coursera. 我们的合作伙伴［EB/OL］. https://www.coursera.org/about/partners，2014-07-10.

［9］袁松鹤，刘选. 中国大学 MOOC 实践现状及共有问题——来自中国大学 MOOC 实践报告［J］. 现代远程教育研究，2014（4）：3—12.

［10］郝丹. 国内 MOOC 研究现状的文献分析［J］. 中国远程教育，2013（11）：42—50.

［11］王晶. 中国 MOOC 发展现状与瓶颈研究［J］. 创新科技，2016（4）：52—53.

［12］焦建利. MOOC：大学的机遇与挑战［J］. 中国教育网络，2013（4）：21—23.

转型背景下普通高校大学英语改革设想与探讨

姜　丽①

摘　要：本文从我国高校向应用型转型的大背景入手，分析了大学英语教学的现状与问题，并结合全国和天津部分高校现有的探索与实践，对高校英语教学转型方式、师资培训等提出了相应的探讨和设想。

关键词：高校转型；应用型大学；大学英语教学

一、引言

2014 年 3 月，教育部表示将把我国 50% 的本科高校向应用技术、职业教育类型转变。这些高校将淡化学科，强化专业，按照企业的需要和岗位来对接，以培养技术技能型人才为培养目标，培养技术性人才的高校比重将大大提升。

应用型本科高校是高等教育层次的职业教育，其培养目标是适应实际生产与建设，培养生产第一线需要的人才。因此人才培养模式也应围绕社会需求这一目标，注重对专业应用能力的培养，以服务于相关专业。

基于这一趋势，大学英语课程面临着新的挑战。大学英语作为一门涉及面最广、影响范围最大的基础课程，如何在改革的浪潮中找准自身定位，是外语教学一线人员亟待思考的问题。

---

① 姜丽，天津商业大学合作学院副教授，研究方向为应用语言学。

二、现状与挑战

从我国历次公布的《大学英语教学大纲》来看，大学英语教学的定位在于打语言基础，各高校对英语的教学大多停留在应试教育的层面上，忽视了语言作为交流工具的本质功能，应用目标始终缺位。原本应该作为工具的英语成了学习的本身或学习的目标。这一现象直接导致毕业生的英语能力与专业技术脱节，只会看不会说，只会写答案，不会写文书，难以满足社会对应用型人才的需求。

在高等教育中，大学英语课程长期以来作为非英语专业学生的基础必修课存在，开设于大学一、二年级，教学内容则以英语基础知识为主。从某种程度来说，这样的教学使得大学英语教学与中学英语教学雷同，学生在心理上对英语学习失去了兴趣和新鲜感，依旧将其看作普通考试科目对待。这一定位不仅忽略了英语课程的"工具性"，更强调了其应试的功利性。具体来说，从学生对英语学习的热情度变化来看，各高校学生在通过大学英语四级前，绝大多数学生对于英语学习的劲头很足。然而，一旦通过考试（而且随着新生英语水平的提高，越来越多的大学生在入学第一学期就可通过），除了有考研和出国需求的少数学生之外，大多数学生就此失去了继续学习的动力，更不会将英语学习与未来的本专业学习或毕业后的工作联系在一起。

传统的高校英语教学过程对能力培养的缺失使其难以发挥应用作用，无法将学生从应试型人才转变为应用型人才。这也正是我们作为英语教学研究者所应该关注并解决的问题所在。

三、先行者的探索与经验

基于以上所述现状，高校英语教学从专业型向应用型的转变是必然的，实施刻不容缓。

根据国际外语教学理论，外语教学分为专门用途英语和通用英语两大类。前者是指有一定特殊目的的外语教学，而后者是指除单纯学习外语之外并无应用目的的外语教学。根据不同目的区分课程设置，因材施教，逐步推广专门用途英语的实用性，是改革的重点。

为了亲身感受各高校在向应用型转型进程中的优势与不足，评估转型方法的可行性，借鉴兄弟院校的经验，我课题组广泛调研，除了对先行高校进行网上信息检索收集以外，还实地走访了天津地区多所高校，了解大学英语教学状况，希望借此归纳总结出具有普适性的转型方法。

天津大多数高校的大学英语课程设置基本是两年，采用第一学期4学时+第二学期4学时+第三学期4学时+第四学期4学时（部分高校在这一阶段为已经通过四级的学生开设专业用途英语课 ESP）的分配模式。

天津理工大学的课程设置情况为：前三个学期都是4学时/周，第四学期2学时/周外加英语演讲实践选修课。教师教学任务量为384学时/年。进修培训费用的担负情况为：学校、学院、个人各三分之一（目前基本是各1万元）。

天津科技大学的课程设置情况为：第一学期3.5学时/周（因有军训），后三个学期都是4学时/周。其中，第四个学期为过四级的学生开设分类教学内容，如商务英语、论文写作、职场英语、翻译理论与实践等课程。教师教学任务量为390学时/年。进修培训方面，出国访问学者半年，学校支持3万元。

天津职业技术工程师范大学的课程设置情况为：四个学期均为4学时/周。教师教学任务量为360学时/年。进修培训费用的担负情况为：澳洲培训3个月，学校资助5万元。新西兰6~8周培训，自负20%，不到1万元。

天津财经大学的课程设置情况为：四个学期均为4学时/周，分级教学，A、B两级之间可流动。进修培训费用的担负情况为：会议提交论文，学校全额资助。出国培训可以走项目经费。2015年学校共出资150万元用于各种培训进修。学位挂钩校内六级（通过率90%以上）。

天津外国语大学的课程设置情况为：第一、二学期均为8学时/周，第三、四学期为6学时/周（后两个学期每周有2学时自主学习）。教师教学任务量为12学时/周。小班授课（35人，不超过40人）。教师基本无出国培训机会。

天津师范大学的课程设置情况为：（快班）第一学期 5 + 第二学期 5 + 第三学期（校选课）；（慢班）第一学期 5 + 第二学期 5 + 第三学期 2（拓展写作，翻译等）。教师教学任务量为 340 学时/年。每年两个出国培训名额，按照计算公式给教师打分，进行排序。

天津城建大学的课程设置情况为：四个学期均为 4 学时/周。教师教学任务量为 390 学时/年。该校从 2015 年在校长和教务处的支持下，开始实行多目标教学，将艺术、专升本以外的学生进行分级教学。学生入学先进行分级考试，将学生分为 A、B、C 类（其中 A 班占总学生人数的 15%，B 班占总学生人数的 60%，C 班占总学生人数的 25%）。为 A 班配备了外教，除进行日常教学以外，还讲授出国、考研等相关英语。B 班的目标是使大部分学生都达到四级标准。对 C 班更注重基础知识的巩固，争取让学生通过四级，保证毕业。在教师培训方面，该校和美国的学校进行合作，每年免费对一批（6 位）教师进行培训。学习费用由美方承担，路费、生活费和住宿费由学校承担（标准为每人 2000 美元），时间为暑假 2 个月。

通过走访调研，我们可以初步发现，天津的部分高校已经在探索中采取了部分改革措施，以顺应时代发展和人才培养需要。如在对于课时结构的调整方面上，压缩调整基础课课时，对于部分学生增设应用英语学时；对于教师的要求方面，科研与教学并重，增强执教人员相关素养与前沿理论知识的提高等。然而，对于基础英语的过度强调，对于市场导向需求教育的缺位现象仍存在且较为明显。

同时，高校大学英语改革在现有师资水平，进修培训费用和是否采用分级教学问题上还有很多困惑和无奈。面对转型趋势，大多数英语教师没有专业背景，如何尽快满足各个专业学生对英语的需求，目前还没有很好的方法，可以考虑引进双师型人才，对现有教师进行转型培训等，但这些都需要人事部门和各学院以及大学外语教学部进行合理设计，以及大量时间和资金支持等。分级教学又面临打破学院界限，统一调配学生时间，甚至晚上或者周末上课等现实问题，还有低水平学生的情感压力，以及缺乏班级内程度好的学生的提升影响，甚至出现很多自暴自弃现象等问题。

　　复旦大学、苏州大学、大连海事大学等院校响应当今社会对人才的需求，顺应时代转变浪潮，大力推进英语教学改革进程，对大学英语课程设置的目的和结构进行了改进，取得了良好的效果，也具有一定的借鉴意义。

四、对于高校英语教学转型方式的探讨和设想

（一）开设与专业相关的英语必修、选修课

　　在保留基础课的同时，各院系开设与专业相关的英语必修课。这一方法在大连海事大学的实践尤为明显，该校开设了各专业的英语必修课，如航海英语会话及轮机英语会话课，同时还开设了语言技能类、文化类和语言应用类的选修课程，将英语教学与本专业知识结合，增强英语作为工具语言的应用性。

（二）压缩基础课课时，增设应用能力课程

　　将本科英语常规教学任务压缩，减少基础课时，利用剩余课时开设英语应用能力选修课。如复旦大学把基础课压缩为三个学期完成，可自由决定选修课程。该校采用的是学分选修制，此方法在很多高校均有所运用。在这一情况下，对教师的要求提高，学生选择教师的现象对教师从业者提升自身素质，提高教学质量有促进作用。

（三）开设后续课程，对基础英语教学做延伸处理

　　在现有通识教育的基础上，开设后续延伸课程，为非英语专业学生提供深入了解、继续学习的机会与平台。如苏州大学开设了英语报刊阅读、英语高级口语、英语写作与翻译、英语演讲与辩论等课程，从听说读写等方面全方位为学生深入学习提供渠道与选择。这一举措有利于非英语专业学生合理选择某一方向继续学习，并应用于自身事业。

（四）实行差别化高等外语教学

　　参考日本英语教学计划，日本对普通民众的英语水平要求是"具备使用英语进行日常会话和简单信息交流的能力"，而对大学生的要求则是"能够在专业领域内熟练地使用英语"。鉴于我国地区差别和专业差别，各行业对国际化需求不同，基于国情现状，可对国际化需求较

低的高校和专业，暂时仍以通用英语教学为主；但对于国际化需求较高的专业和地区，加强专业英语的教学刻不容缓，要及时开展专门用途英语教学，提高学生用英语开展专业学习和工作的能力。

五、总结

　　近年来关于教学改革的指导文件大多是针对所有高校英语教学改革的总体指导，目标较笼统，不易落实。且各高校都有着自己的历史传统和办学定位，这决定着它们各自独特的办学特色和方向，也注定了改革方式无法一概而论。而在应用型高校中，转化大学英语教学模式必须要有明确的、可操作的教学目标。因此，各高校应针对自身特点，根据学校类型，充分利用本校的教学资源建立不同的大学英语教学模式，走出自己的路。只有将英语课程与办学定位紧密结合，才能凸显出优势与特色。在转型背景下，普通高校通过合理定位英语教学目标，注重学生综合应用能力的培养与提高，强化语言实践能力，可对毕业生日后更好地适应就业市场产生深远影响。

参考文献

　　[1] 王莹. 应用技术大学定位研究 [D]. 上海：华东师范大学，2016：1—2.

　　[2] 谢淑莉. 战后日本英语教育及 21 世纪发展战略研究 [D]. 保定：河北大学，2005：3.

以培养应用型人才为目标的"生物化学"课程教学改革与实践

阮海华①

摘　要： "生物化学"课程是我校食品科学、生物工程、生物技术、药学等本科专业的专业基础课程，也是天津市重点建设的市级精品课程。"生物化学"课程存在内容广泛、知识点多且零散、学习难度大的特点。同时，高校的扩招也带来学生学习能力下降的问题，导致两者之间的矛盾逐渐凸显。因此，应对"生物化学"课程从教学模式、教学方法、教学技术与手段、实验教学模式、实验教学方法以及课程总体考核标准等多个方面进行改革，以提高教学质量和水平，进而提高学生对"生物化学"课程的学习效率，为培养应用型、创新型人才奠定知识基础，提高学生的创新和实践能力。

关键词： 生物化学；课程教学改革；实践；应用型人才

生物化学是一门阐述生物大分子物质的结构、功能、物质的代谢与调控、遗传信息的传递等诸多生命现象的科学，是生物类、农林类、食品科学类以及医学类学科专业学生必修的重点专业基础课程。该课程的主要任务是运用诸如光谱分析、同位素标记、X 射线衍射，以及其他化学包括物理学、数学和生物信息学等相关技术手段，对重要的生物大分子（如蛋白质、核酸等）进行分析，阐述这些生物大分子功能与结构的关系。近年来，生物化学学科发展迅速，尤其是进入 21

---

① 阮海华，天津商业大学生物技术与食品科学学院副教授，研究方向为生物化学与分子生物学。

世纪后分子生物学的异军突起，使得生物化学学科知识已经广泛应用到工业、食品科学、农业和生态环境等领域。

　　"生物化学"课程具有内容多、范围广、难度大的特点，导致学生自信不足，缺乏学习动力。同时伴随高等院校扩大招生规模，学生的学习素质略有下降。而在扩大招生规模的同时，软件以及硬件教学环境没有及时跟上，影响了教学的质量和效果。基于此，针对生物化学的学科特点，为培养创新应用型人才，本文从生物化学理论教学和实验教学两个方面就教学模式、教学技术、实验课程教学、教学队伍建设以及课程考核方式等方面提出一系列的改革措施。

一、"生物化学"理论教学改革与实践

（一）"科学实验再现"式教学模式

　　在讲述新的教学知识点时，遵循"提出问题，科学实验设计与发现，讨论"的三步法教学模式。例如，讲授 DNA 双螺旋结构模型，首先，提出问题："DNA 双螺旋结构是怎么发现的"。其次，科学实验设计与发现：讲述两个经典实验，①1952 年，奥地利裔美国生物化学家查伽夫（E.Chargaff, 1905—2002）测定了 DNA 中 4 种碱基的含量，发现其中腺嘌呤与胸腺嘧啶的数量相等，鸟嘌呤与胞嘧啶的数量相等。这使 DNA 双螺旋结构的发现者沃森和克里克立即想到 4 种碱基之间存在着两两对应的关系，形成了腺嘌呤与胸腺嘧啶配对、鸟嘌呤与胞嘧啶配对的概念。②富兰克林（R.Franklin, 1920—1958）拍摄到了DNA 晶体照片，令沃森和克里克领悟到两条以磷酸为骨架的链相互缠绕形成了双螺旋结构，氢键把它们连接在一起为双螺旋结构的建立起到了决定性作用。以这两个发现为基础，他们成功构建出了 DNA 双螺旋结构模型。最后，在讲授的过程中注重解释科学发现的过程，穿插一些科学家的生平，以及科学发现中的趣事，在传授新的知识的同时增加学生的学习兴趣，调动课堂气氛，让学生了解每一项科学发现的完整过程，寻找发现背后的逻辑推理，提高思辨能力。

（二）利用网络资源和先进的生物信息学技术辅助生化教学

　　随着生物化学相关技术的不断深入发展，越来越多的计算机辅助技术被开发出来助力生物化学知识的学习。在教学的过程中，及时更新这些技术将有利于知识点的讲授。例如，在讲述蛋白质的结构与功能间的关系时，区别于传统的教科书上的二维平面图，可以利用专业软件下载并在课堂上展示蛋白质的三维构象动图。这种三维构象动图可以 360 度旋转，让学生对蛋白质的结构、活性中心氨基酸基序、耦合的金属离子、蛋白质配体的空间定位等知识有深刻的印象和客观的了解。同时也有助于加强蛋白质的二级结构，包括 α 螺旋、β 折叠以及 β 转角等知识的学习。通过比较不同的功能状态下，蛋白质空间结构的变化能够解释蛋白质的不同基序、结构域以及氨基酸在蛋白质的功能中的作用，让书本上的知识动起来，强化学生对较难知识点的认知和记忆，为生物化学知识的应用提供基础。此外，网络上有生物化学各种反应过程的 Flash 动画，如糖酵解途径、三羧酸循环途径、聚合酶链式反应（PCR）、酶反应动力学等。在讲述相应知识点时播放反应过程的动画，能够为学生学习提供更好的学习内容，方便记忆，在大脑中形成对生化知识的三维记忆模式。

（三）实验引导式教学模式

亲自动手操作实验是加强学生知识点记忆的好方法。教师将生物化学实验内容引入理论教学，能够强化学生的学习和记忆。例如，在酶学动力学的讲授之前先将酶学实验安排在生物化学实验课中，让学生通过实验了解酶学的基本操作和简单理论知识，如什么是酶、什么是底物。但是此时他们对酶学的理论知识了解还非常有限，在实验教学后提出相应酶学的问题，例如：底物对酶反应速度有没有影响？有什么样的影响？控制酶反应速度的因素是什么？启发学生思考。在理论课上，深入阐述酶反应的动力学，依次解释实验中提出的问题，令学生能够在回味实验操作中去理解酶学动力学的相关知识，并把理论分析写在实验报告中。这样通过实验引导的教学方法有助于学生利用手工操作加强对较难理论知识的学习和记忆，提高学习效果。

（四）开发网络教学平台，加强师生间互动

在教研组教师们的共同努力下，我校"生物化学"课程成为重点建设的天津市级精品课程。在校教务处的支持下，创建了网络生物化学教学平台（http://cc.tjcu.edu.cn/G2S/Showsystem/Index.aspx）。该教学平台包括授课视频，为学生提供复习和补习课堂内容的机会。每章结束都有相应的练习题，强化生化知识学习。同时提供 BBS 讨论平台，学生可以就学习中的问题及时提问，教师针对问题进行相应的解答和学习。为了加强管理，要求每个学生每学期至少提问五个问题，回答五个问题，保持论坛的新鲜度和话题性，增强学生的学习兴趣。

二、"生物化学"实验课程教学改革与实践

实验教学是"生物化学"课程中极为重要的一部分，也是培养应用型创新人才的关键步骤之一。传统的实验课程与理论课程相比，一方面，学时数偏少，而且实验成绩比重为总成绩的 20%，比重偏低，不容易被学生重视。另一方面，由教师配置好了实验过程中所需的所有溶液，学生按照教师讲授的实验原理和实验流程操作即可，制约了学生增加实践的机会，主观能动性差，令学生仅仅是完成实验流程操作，缺乏真正的思考和学习，限制了学生在应用以及创新方面的发展。所以有必要对实验教学进行改革，注重全面培养学生的操作能力、观察能力、思辨能力和创新能力。

（一）改革实验教学模式

区别于以往的一个实验班每一次做同样操作步骤的实验，教师按照实验的内容可以分为 2 个或者 4 个主题相同但是操作步骤不同的实验。例如：利用 Folin 酚法测定蛋白质的含量。实验课前做如下设计：①将学生分为四个大组，每个大组中一般包括 3~4 个小组，每个小组 2 名同学。每个大组的同学可以一起商讨并准备实验材料，比如有的组直接从草地上拔几株草，有的组可能买点豆芽或者其他容易获得的生物材料。②实验课上每大组用同样的实验材料，不同大组间用不同的实验材料，来测定材料中的蛋白质含量。在实验过程中，相同的是每一组都需要用牛血清白蛋白来制作标准曲线，蛋白质含量测定的操作也相同。但是样品处理步骤却不尽相同，这也是学生需要比较和学习的地方。比如草的研磨比豆芽难得多，在学生研磨的过程中，会观察到研磨液颜色的变化，教师让学生去上网查询颜色变化的原因，

该采取哪些补救措施等，最后教师再给出答案，让学生有一个观察和思考的过程。这个观察和思考的过程是在实验教学中需要逐渐加强的内容。③每组测定完相应材料的数据后，小组间进行数据比较和讨论，检测大家对同一个样品的测定数据有何差异，为什么产生这些差异；大组间的数据也可以进行数据比较和讨论，让学生了解到不同的生物样品中，蛋白质的含量差异有多大，样品处理的过程对实验结果有无影响等，如何能够更好地测得蛋白质含量。④书写实验报告，报告中除了常规内容以外，要体现通过与其他小组以及大组间进行比较后的数据分析和讨论。让学生在自己主导的实验变量因素中发挥自己的主观能动性，挖掘他们对实验的兴趣，这样便形成以教师指导为主，以学生自主选择实验材料等变量为辅的新型教学实验模式。

（二）任务引领的自主性设计实验教学

任务引领的自主性设计实验是培养学生的实践能力、科学研究素养、激发学习主动性和创造性，提高学生自主综合素质的有效途径。鉴于"生物化学"课程的开课时间是在本科生的大学二年级，学生的科学素养不够以及专业课接触有限的情况下，可以抽出最后4个学时进行一次任务引领的自主性实验设计教学。①由教师提前布置实验任务，如测定唾液淀粉酶的比活力。学生需要在预习报告中设计所有的实验步骤，包括酶活力如何测定，蛋白质含量如何测定以及比活力如何计算等，并做好溶液配置等准备工作。②学生在实验操作中教师给予相应的指导。③实验结果的讨论与分析，这部分是实验教学的重点。在实验报告中，学生需要分析实验数据的背后是哪些因素在影响？每组之间的数据差异说明什么？尤其是当实验结果失败的时候，学生可以多次重复实验，探索导致实验失败的原因，修订实验步骤，培养学生的纠错和解决问题的能力。让学生领会到如何做个好的实验设计，如何解决实验中遇到的问题等。这种任务引领的实验教学对培养学生的应用和实践能力至关重要。

（三）多媒体辅助实验教学

我院生物化学实验课堂上配备了多媒体设备，在实验课的间隙，可以播放与实验相关的操作规范以及安全等方面的知识，让学生学习规范化的操作及注意实验的安全，是提高实验技能的保障。在实验教学过程中必须严格规范每一环节，按标准实验流程对学生进行技能培养。此外，利用多媒体展示同一个实验目标可以通过多种实验方法和实验方案完成，在实验结束后的讨论中可以帮助学生开阔视野，增加知识面。

参考文献

［1］林其谁. 中国生物化学基础研究 40 年回顾［J］. 生物化学与生物物理进展，2014，41（10）：930—935.

［2］朱素琴，季本华. 生物化学教学改革的实践与探索［J］. 微生物学通报，2010，37（8）：1238—1242.

［3］刘蕾.《生物化学》实验课程改革模式初探［J］. 广东化工，2012，39（25）：162—165.

［4］郭慧芳. 多种教学法在生物化学教学中的应用［J］. 中国医药导报，2010，7（14）：114—115.

［5］李妍，罗军，张巍，吕士杰. 基于创新型医学人才培养的生物化学实验教学改革［J］. 实验室研究与探索，2016，35（4）：213—215.

［6］雷呈. 基于任务引领型生物化学检验技术课程实践教学模式的构建［J］. 卫生职业教育，2014，32（8）：40—41.

［7］李宁，孜力汗，李晓宇，滕虎，谢健. 做好生物化学实验改革培养学生综合素质初探［J］. 教育教学论坛，2015（41）：260—261.

地方院校转型背景下西方经济学
课堂教学改革研究

赵怡虹①

摘　要：西方经济学作为地方财经类院校的专业基础课程，是一门理论性和应用型很强的基础课程。在经济新常态下，其教学应该结合地方院校转型思路进行改革，结合地方经济发展特色，以培养应用型人才，增强学生的就业创业能力为目标。目前的教学过程中存在教学重理论轻实践、授课方法单一、课程目标的层次性较弱等问题，在教学改革过程中要注重理论与实践相结合，明确课程目标层次，利用情境复苏、教学实验软件等辅助工具来增强实践教学内容。

关键词：西方经济学；情境复苏法；实验教学

一、引言

我国经济正处在供给侧改革的关键时期，经济发展呈现出与以往不同的新特点，经济结构也面临着重大转型，在此背景下，经济学教育也处在关键性的转折时期，经济学人才的培养也面临着供给侧改革的问题。经济学是研究资源的最优配置问题，培养面向市场、并为市场服务的人才也是经济学教育的最终目标。随着我国市场经济的不断发展，对经济学专业人才的需求不断扩大，尤其在经济新常态下更加呈现出多元化的格局。而全国 600 多所本科院校中有 500 多所开设了经济学、工商管理类本科专业，形成了"校校办财经"的新格局。在

---

① 赵怡虹，天津商业大学经济学院讲师，主要研究方向为宏观经济学。

经济学教育资源配置的竞争中，地方财经类院校在向应用型高校转变的过程中，如何服务地方经济社会发展，培养具有特色的、符合市场需求的创新型人才，成为学校生存和发展的关键性问题。

我国虽然每年都有大量的经济学专业的毕业生，但人才结构和人才质量与我国经济的快速发展和结构转型不相匹配。相对于国外的名牌大学来说，我国的经济学方面的人才与之相比更是捉襟见肘，培养出更多优秀有能力的经济学人才是促使我国经济新常态下顺利完成转型升级的重要保证之一。经济学专业教育面临着普遍共性的问题，就是学生的出路在哪里的问题。中国教育部对经济学专业的培养目标和核心课程设置给出指导意见，但各个院校如何培养具有特色的经济学人才却一直是个难题。解决这一问题的重要途径之一就是学校对于经济学专业的课程设置与教学方式的转变，注重培养学生的经济学思维，加强学生分析与处理实际问题的能力。而经济新常态下高校转型也对传统专业的传统课程教学提出了改革要求，需要对经济学专业的课堂教学进行改革，以增强学生的就业、创业能力。

二、西方经济学课堂教学目标："直觉为主""工具为辅""突出实践"

作为社会科学的重要部分，经济学被称为社会科学"皇冠上的明珠"，学科重点在于思想和方法。西方经济学作为基础理论课程，能够培养学生的抽象思维能力，从长期看有利于提高学生对经济社会的适应能力，从而提高其二次就业能力。在互联网技术迅猛发展的今天，经济学的教育仍以教师课堂讲授为主，专业基础知识满堂灌的课堂上，教学效果甚微，甚至以牺牲了学生的思考和创新能力为代价。教学改革的目的就是改变过去以知识传授为主的教学方法，重在启发学生思考和教会学生分析方法。作为一门社会科学，经济学所要面对和解决的都是与现实密切相关的问题。微观经济学作为基础理论，是研究社会资源有效配置问题的，在经济人假说下，微观经济学的理论分析适用于一切经济行为及随之产生的社会各类问题。微观经济学的教学目标应定位于教会学生掌握经济学基础知识，能够用经济学思维分析现实社会问题。微观经济学教学改革首先需要重新明确对地方财经类院校经济学专业的定位：以立足当地社会经济需求为导向，培养经济学素养与专业能力结合、知识学习与实践能力并重的复合型应用人才为目标。基于此目标，微观经济学教学模式的创新与改革应以培养学生综合素质为根本，增强学生教学参与度、强化课程实践应用价值，最终提升学生对实际经济问题的认识与分析能力。

面对经济学零基础的学生，西方经济学作为第一门经济学课程，应该让学生感觉经济学有趣，分析问题的出发点与别的学科不同。在课程目标设定上，要以"直觉为主""工具为辅""突出实践"为目标。"直觉为主"突出强调以众多现实案例事件为切入点，在教学中以感性认识入手培养学生的经济学直觉。"经济直觉"在经济学的学习中应作为第一目标，即培养学生养成用经济思维思考问题的能力，对未来经济学素养的构建大有裨益。经济学的学习，更多的是思维方式的训练。凯恩斯曾说过，经济学不只是一种教条和方法，更是一种思维的技巧，能帮助拥有它的人得出正确的结论。"工具为辅"强调掌握必要的分析工具和分析方法，主要指数理分析方法和计量经济学软件工具。但与对经济问题的敏锐性认识相比，数理工具处于辅助地位。没有对社会问题的归纳提炼和经济学思维方式，一切分析方法和工具都缺乏理论基石和事实支撑。"突出实践"再次强调了经济学作为一门社会科学来源于现实的根本特性，课程教学中理论与实践相结合，将基本原理和基本概念与社会现实问题相结合，实现从理论到实践的飞跃，从"黑板经济学"到"生活经济学"的飞跃。

三、积极探索结合多种实践教学方法

国外在经济学的教学中，采用了多种方法践行理论与实践相结合的教学方法，主要包括：一是案例研究方法，以大量产业界的案例为主，并分析了案例的效度和信度等。二是复苏情境法，主要以学生的参与和互动为主要模式，能够弥补案例教学法仍以教师讲授为主的缺陷，加大了学生的参与力度，有助于学生的理解。三是实验教学法，以计算机软件为辅助，在课堂上以学生为实验对象，进行经济学实验来解释和检验微观经济学理论。随着实验经济学的兴起，实验教学法作为一种新颖的教学方法，得到了美国经济学教育协会的大力倡导。诸多经济学家也针对"完全竞争的新古典理论检验""寡头市场的价格形成""柠檬市场""公共物品搭便车"等问题设计了精巧的课堂实验。

（一）复苏情境法

在课前根据教学主题选取经典案例，设计"模拟表演"环节，结合环境和情境，再现事件或交易过程，通过互动和讨论，尽可能使案例结合现实，加强学生对经济现实的理解和认识。以情境复苏法进行案例分析，还原真实经济情境，理论与所设的经济情境相呼应，激发学生的经济学直觉，增强对经济情境的思考和体验，也加深了对理论的理解。使得西方经济学教学回归真实世界，既增强了学生对真实世界问题的敏感性，又锻炼了用理论解释现实的能力。

（二）案例教学

美国哈佛大学商学院首倡的案例教学法，强调运用社会或身边发生的事例激发学生的学习兴趣，寓道理于案例之中，给学生以启发的教学模式比较适宜微观经济学的课堂教学。将案例教学引入课堂教学后，不但可以激发学生的学习兴趣，而且培养了学生从经济学角度出发思考和分析身边各种经济现象的能力，并将经济学基本理论与我国经济社会发展实践有机结合起来。在案例的选取上应结合当前学生的年龄特点及兴趣爱好，以新闻热点事件和网络资源为主，贴近学生的日常生活，又能凸显当下社会现实问题。教科书中虽有众多经典案例，但年代久远且脱离我国目前日新月异的经济发展现实，会让学生缺乏代入感，说服力不强。本土案例的设计使学生能够身临其境，激发学习热情。如以春节期间购买回家火车票为案例，增强学生对需求规律及需求、供给弹性的理解；以明星演唱会门票价格变化为案例，体现价格歧视和消费者剩余的理论分析。这些案例在体现知识性和时代性的同时，表现出了趣味性和实践性。

（三）实验教学法

各种实验方法、实验软件的出现改变了过去对微观经济学教学中的固有认知：以数理假设与模型推导贯彻整个教学过程，作为社会科学无法像自然科学那样在实验室进行实验。实验教学运用游戏和角色扮演的方式进行，学生在游戏中深刻理解经济理论，激发学生学习的主动性和积极性，变被动学习为主动学习，使学生成为学习过程的主体。

四、结论

培育学生的经济学思维，培育应用创新能力，是未来经济学教育改革的重要方向。改变传统教学方法，明确课程目标层次，增强实践教学内容，改进实验方法和条件，是目前课堂教学改革的主要趋势。微观经济学的学科特点决定了课堂教学改革的独特性，以能力培养为主线，以实践教学为主要方法的思路应贯穿于整个教学过程始终。从人才培养目标出发，明晰多层次教学目标，建立以能力培养为主线，理论教学与实验教学相互衔接的教学系统。教学过程力求将"知识、能力、素质"培养并重，与国际先进的教学模式和方法接轨，培育学生的学习积极性和主动性，让学生成为课堂的主体，以主动式学习改变大学学风，使学生的素质和能力培养与社会需求接轨，培育真正学有所得、学以致用的创新型实践人才。

参考文献

[1] 王庆. 实证中的思辨——论经济类实验教学 [J]. 扬州大学学报（高教研究版），2013（4）.

[2] 吕晓英，蒲应龚. 实验教学在西方经济学课程中的应用研究 [J]. 中国电力教育，2013（16）.

[3] 马先标. 经济学教育的国际化与本土化问题探讨 [J]. 中国大学教学，2012（2）.

天津商业大学经济类人才培养模式创新研究

吴爱东[①]

摘　要：人才培养模式是关系到普通高等院校本科人才质量高低的关键。本文在对我国经济发展阶段进行判断的基础上，分析了现阶段经济发展对人才的要求和财经类人才需求的特点；对我校现有的经济类人才培养模式进行了客观评价；从授课教师的视角，探索人才培养的新模式，拓展培养人才的新路径，提高本科教学质量，以实现我校复合型、应用型人才的培养目标。

关键词：经济类；人才培养；模式；创新

人才培养模式是关系到普通高等院校本科人才质量高低的关键。随着高校本科招生人数的不断增加，大学生就业难已经成为国家和高校关注的焦点问题。我校毕业生的就业形势也日趋严峻，为此，创新培养模式，提高人才培养质量，满足我国经济发展对人才的需求，提高就业率和社会对所培养人才的满意度，就成为我校教学改革的一项紧迫任务。作为普通教学型的综合大学，如何实现培养模式的转变和创新，真正培养出经济建设所需的人才，形成自己鲜明的办学特色和与众不同的培养模式，需要在教学过程中不断摸索和深入研究，本文将从教师的视角对这一问题进行深入的调查研究。

一、我国经济发展对人才要求和财经类人才需求特点

（一）我国及天津经济发展阶段的判断

世界经济论坛开发的全球竞争力指数，是根据制度、基础设施、

---

① 吴爱东，天津商业大学经济学院副教授，主要研究产业经济与区域经济发展问题。

宏观经济稳定性、健康和初等教育、高等教育和培训、商品市场效率、劳动市场效率、金融市场复杂度、技术可得性、市场规模、商业成熟度、创新等 12 个关键指标的综合指数，结合人均 GDP 水平，将各国经济分为要素驱动经济、效率驱动经济和创新驱动经济三种发展类型和五个发展阶段。

（二）财经类人才需求特点

从目前经济发展所处阶段和我国对人才需求的特点看，我校经济类人才的培养模式与经济发展的总体需要是相适应的。

从学历层次看，除传统金融业务的一些基层单位外，专科生基本上没什么市场；本科生在人才市场上所占份额会逐步缩小；硕士、博士生和工商管理硕士（MBA）备受用人单位青睐，人才需求将逐步向"高、精、尖"倾斜。

二、我校经济类人才现行的三种主要培养模式

为适应未来人才需求，我校经济类人才培养模式在不断改进，三种主要培养模式各具特色。

（一）专业培养的模式

这是目前的主流培养模式。目前经济学类一共分金融学、经济学、国际贸易学、财政学四个主要专业，按各专业特点设置相关课程进行培养。主要特点是专业特征明显，像金融学、国际经济与贸易、财政学都对应相关的就业领域，从已毕业学生的信息反馈情况看，找工作时由于专业特征明显，具有一定的优势，以金融学的就业状况最好。而经济学是理论经济学并且是一级学科，如果理论功底和实际工作能力较强，在就业时也具备一定优势。我校的经济学专业考研同学比例在所有专业中最高，从调查问卷情况看，一般都在 50%以上。

（二）双学位复合型培养模式

培养复合型应用型人才是我校人才培养的主要目标。经济学院从建院开始为全校其他专业开设了金融学、国际经济与贸易的辅修专业，深受同学们的欢迎。从 2005 年开始，在辅修专业的基础上，改为双学位的复合型培养模式。招收的学生都是其他专业的优秀学生，在本专

业的基础上，为有能力的学生开设第二学位的课程，取得了很好的教学效果。每个学年都会为 120 名学生提供新的学习机会，为管理学、法学、机械等学科的学生开阔了知识视野，提升了就业能力，培养了一大批复合型人才。

（三）数学与经济学联合办学的复合型培养模式

对经济活动进行定量分析，为科学决策提供准确的数据是今后我国经济发展对人才需求的一个重要特征。经数班的培养模式就是适应了这一人才需求的变化特征。这种培养模式虽然时间不长，但其优势明显。目前为经数班学生开设的课程中，不仅更加注重经济理论的学习，而且对数学、统计学、运筹学等相关课程也加大了比重和难度，提升了学生定量分析问题的能力。学生能熟练掌握各种经济分析软件和原理，有很强的动手能力和分析解决问题的能力，并与证券金融分析师、保险行业的精算师职业实现无障碍对接，是非常有生命力的一种培养模式。

三、现有人才培养模式与社会所需人才的差距

随着我国第十三个五年计划的实施以及经济的快速发展，对经济类人才提出新的更高要求。未来的专业人才必须具有开阔的视野、宽广的知识面、知识创新能力、终身学习能力、创新意识、社会能力、接受具有挑战性的工作的能力，基础素质要过硬。随着经济全球化过程不断加快，各国之间的经济联系将更加紧密，不具备上述条件的一些专业人才将会落伍。

根据近几年人才市场和就业形势反馈的信息来分析，具备以下条件的大学毕业生会备受用人单位的青睐。

（1）基础知识丰富扎实，知识面广，适应能力强。

（2）外语条件优秀者，特别在听、说与写方面有专长者更为走俏。

（3）政治思想素质好，有强烈的事业心和心理承受能力，敢于承担风险和责任，乐于接受新事物的挑战。

（4）富有创新精神、奉献精神、艰苦奋斗精神、实干精神。

（5）有组织管理能力，善于把各种生产要素有机地整合、系统化

为最优化效益的实体，调动身边人的积极性和创造性，处理好人际关系。

（6）在学习和科研活动中，已经小有成绩者易为用人单位考虑。

考虑到以上条件，我们的现有培养模式还有补充和改进的空间。从不同年级的调研资料看，现在的学生对未来的自信心不足，很多学生并没有自己的职业规划，也没有长远的打算，学习的动力不足，抱着过一天算一天的心态；有相当部分打算考研究生的同学并不知道自己真正喜欢的领域，也没有自己的长远规划，也就是说，考研的目的是比较盲目的。同时由于没有高效率的学习方法，导致投入的时间与考试的结果和成绩并不成比例，这样造成相当一部分同学的考研恐惧症，这是我从调研和与学生的交谈中发现的。

四、现有的培养模式完善与新的人才培养模式拓展

我校经济类学生的培养模式创新一直是经济学院上下共同追求的目标，如按专业培养的模式在不断完善。例如，金融学专业根据社会发展对金融专业学生需求和学生发展的需要，近两年又增加了财富班这个新兴培养模式的探索，前期还有与光大期货联合培养模式的探索，进一步完善了现有的培养模式。为丰富我校经济类人才培养模式，提升学生的异质性和竞争力，提高学生的培养质量，以下方式可进一步探索，作为现行三种培养模式的重要补充。

（一）鼓励学生主导的职业对接式培养模式

面临严峻的就业形势，我校经济类学生中不考研的学生大多会去考一些从业资格证书。与经济类相关的从业资格证书包括会计从业资格证、期货从业资格证、证券从业资格证等，这种模式作为按专业培养等模式的重要补充，极大地缩小了书本上的专业知识与现实经济社会的实际需求的差距，而且是学生的兴趣所在，是一种很好的模式。另外，在职业资格考试过程中，学生会补充大量的书本以外的实用知识，为实际工作打下了坚实的基础。在这方面，学院应该采取切实可行的措施鼓励同学们考取从业证书，建议列入学生的综合素质考评和奖学金评定的参考指标。把从业证书的考取作为学生的实践能力，一

同纳入学生的培养体系，不断完善现有的培养模式。

（二）完善用人单位主导的培训式培养模式

把培养的人才推入市场，提高学生的就业率是每一所普通高等院校面临的严峻任务和责任，结合我校经济类人才的培养特点，学生有将近一个学期的毕业实习，为此学院做了大量的卓有成效的工作，建立了很多与专业对接的实习基地。由于多方面的原因，去学校对口的实习基地实习并不是学生的首选目标，大多数学生都是倾向于自己寻找实习单位。这是一个重要的就业资源应该充分加以利用，将实习单位逐步打造成学生的用人单位，这是一种双赢的培养模式，探讨校企合作的新模式，最大限度地消除培养学生与实习单位需求之间的差距。随着合作的加深，还可以根据实习单位的需求，进行订单式培养模式的探索。

（三）探索教师主导的专业导师培养模式

在学校，教师是一个学校最重要的知识资源。从一个教师的视角，我觉得专业导师培养模式是值得研讨的。这种思路一是来自十多年来带研究生的经验积累，二是授课过程中发现的学生们存在的问题，在答疑解惑过程中萌生出来的想法。从现在的培养模式看，学生以班为单位进行管理，学生的思想管理是以辅导员为主，学生的生活管理是以班主任为主，专业教师的课堂教学以授课为主，主要解决学生在课程学习中存在的问题。学生的职业规划和专业发展就成为一个盲区。在研究生阶段，这些问题可以由导师解决。在本科学习阶段，上述问题的解决就成为一个难题。从经济学院的考研情况看，从 2011 年到2013 年，考取研究生学生的比例逐年下降，分析其原因，有宏观就业环境不好、考研人数增加、竞争加剧等客观原因，但学生自身也存在很多问题。从 2013 年经济学专业学生的教改调查问卷情况看，学生们都想按自己的意愿生活，有 40%左右的学生自信心不强，准备考研生的学生占到调查学生的 60%，只有一部分学生有自己的职业规划，在职业选择取向上，有 50%以上的学生选择了金融类的职业方向，从选择区域上选沿海一线城市的占绝大多数。学生在校期间在专业发展方面存在很多迷惑，主要是对自己的未来缺乏清晰的职业规划；即使选择考研究生，目的并不明确，导致学习动力不足；学习方法存在问题，导致学习效率较低；缺乏完整的知识结构，知识的运用能力较差等一系列问题。针对以上问题，本研究认为，探索专业导师培养模式是解决上述难题的一条有效途径，不仅非常必要，也具有实施的可行性。这样不仅可以最大限度地发挥老师的知识资源的作用，也可以增强学生的异质性和竞争力，最大限度地挖掘学生的潜力，培养出有特色的高素质的人才。建议可以先进行小范围的尝试，由教师和学生双向选择，学院在教师工作量考核方面给予适当考虑，可在部分学生和教师中试行。

参考文献

［1］The Global Competitiveness Report 2008–2009 World Economic Forum，P7.

［2］曾玲辉. 基于卓越教学视角的大学应用型人才培养模式研究［J］. 高等工程教育研究，2016（1）：19—23.

［3］张雪. 应用型本科人才培养模式改革与创新研究［J］. 产业与科技论坛，2016（15），21：183—184.

［4］谢浩辉. 应用型人才培养模式下实践教学体系的构建［J］. 当代教育实践与教学研究，2014（11）：111—112.

［5］丁玉梅. 国际贸易专业应用型人才培养模式的改进［J］. 长春理工大学学报，2010（5）：102—103.

［6］胡赤弟. 双重压力下服务型人才培养模式的重构［J］. 高等教育研究，2009（2）：80—85.

慕课建设与大学英语课程改革的设想[①]

殷雪圻[②]

摘　要：本文结合慕课的发展和大学英语课程改革的要求，考察了国内主要慕课平台上相关大学英语课程的建设情况，提出在天津商业大学创建融合慕课和小微封闭课程（SPOC）的大学英语混合教学模式的设想，并分析了可能的效果和问题，以期对天津商业大学的慕课建设和大学英语课程改革提供一份可供参考的意见。

关键词：慕课；大学英语课程；混合教学模式

一、慕课的发展及带来的挑战

（一）慕课的发展及特点

慕课是"MOOC"的音译，全称为"Massive Open Online Courses"，意为"大规模开放在线课程"。慕课的兴起，以2012年国外三大慕课教育平台"Coursera""edX"和"Udacity"的建立为标志。慕课是远程教育的新事物，是课程教学与信息技术高度融合的产物，它使任何国家、任何学校的学生都能通过互联网参与高等教育在线课堂。在全球教育资源开放共享的思潮影响下，慕课迅速席卷全球。中国的高校、互联网公司、出版社也很快对慕课的传播和发展做出积极响应，2013年，中国多所知名大学加入国际慕课平台，为慕课国际化贡献了重要力量。与此同时，中国也建立了自己的中文慕课平台，其中比较有影

①　本文系天津市教育科学"十三五"规划课题"大数据背景下基于'慕课'（MOOCs）的大学外语教学模式研究"（编号：HE3020）的研究成果。

②　殷雪圻，天津商业大学大学外语教学部讲师，主要研究方向为英语教学法。

响的有清华大学学堂在线、ewant 育网开放教育平台、好大学在线、中国大学 MOOC、全国地方高校 UOOC 优课联盟。国内各高校纷纷加盟上述平台，掀起我国慕课建设的高潮。

慕课以开放教育为理念，以共享平等为准则，具备开放性、规模化、系统性、交互性的基本特征。慕课是具有交互性的完备课程，它包括课程视频、任务、小测验、考试、反馈、电子课本、参考资料、社交互动、结业证书、学分认证等，具备线下传统课程的一切特点，而又具备传统课程不具备的开放性和共享性，任何人都可以突破学校限制和人数限制，参与课程的学习。很多国内的慕课课程都有 1 万甚至 10 万以上的学习人数，这种规模是传统课程无法企及的。

（二）慕课对传统教学模式的挑战

网络的灵活性、开放性使慕课势必打破传统课堂教学时间、空间固定的旧格局，改变传统课堂依托教材，以课文讲解为主要内容的授课模式。"慕课平台在我国高校的本土化创新和多元化开发，极大地推动了高校线上线下相结合的混合学习教学模式改革"。因此，慕课是互联网新媒介对传统课堂的颠覆，是互联网对高校教学模式发起的一场倒逼改革。如何迎接慕课的挑战，如何将慕课融入高校课程体系，成为高校教学管理者和实施者不得不面对的一个紧迫问题。

二、国内主要慕课平台大学英语慕课建设的现状

（一）对国内主要慕课平台英语课程的调查

慕课平台提供了涵盖各类学科的丰富课程，其中与大学英语相关的课程情况又如何？笔者从上述国内五个主要慕课平台入手，逐一考察了它们提供大学英语课程的情况。截至笔者完稿时，结果如表 1 所示。

表 1　五个慕课平台提供大学英语课程的情况

慕课平台	清华大学学堂在线	ewant 育网开放教育平台	好大学在线	中国大学 MOOC	全国地方高校 UOOC 优课联盟
"大学英语"搜索结果	7	0	0	13	2

在清华大学学堂在线搜索"大学英语"，得到 7 条结果，分别为：如何写一篇论文、生活英语读写、亚洲求职英语——求职面试准备、亚洲求职英语——工作申请简历求职信、生活英语进阶、托福考试准备：来自考试举办方的指导、IELTS 雅思考试备考。在 ewant 育网开放教育平台搜索"大学英语"，得到 0 条结果。在好大学在线输入"大学英语"，得到 0 条结果。在中国大学 MOOC 搜索"大学英语"，得到 13 条结果，分别为大学英语（口语）、大学英语（口语）选修课、大学英语自学课程（上、下）、英语教学与互联网、新科学家英语：演讲与写作、高职公共英语（一、二、三）、大学英语综合课程（一）、国际交流英语、英语语言学概论、大学英语过程写作。在全国地方高校 UOOC 优课联盟搜索"大学英语"，得到 2 条结果，分别为大学英语阅读和大学英语创新写作。但是如果搜索"英语"，则得到 6 条结果，多了英语语音、综合英语（三）、拓展英语词汇、英语畅谈中国。

（二）对调查结果的分析

从搜索结果可以发现，国内几大慕课平台提供的大学英语慕课课程的数量有限。说明慕课确实是个新事物，更多与大学英语相关的慕课课程正在建设过程中。从平台角度来看，ewant 育网开放教育平台和好大学在线没有推出英语课程，这与加盟高校多为交通大学等工科院校有关，他们的慕课以特色专业核心课程为建设重点。中国大学 MOOC 上线的大学英语课程最多，课程的授课体系最成熟，参加学习的人数也最多，从几万到十几万不等。全国地方高校 UOOC 优课联盟虽然只有 6 门英语课程，但课程各具特色，体系也较成熟。而清华大学学堂在线更具国际化视野，大多课程是 edX 国际平台的联合共享，本校教师只上线了两门英语课程，但参与学习人数都在 2 万以上，说明质量很高。

从已推出的课程类型来看，以大学英语精读为课程核心内容的只有大学英语综合课程（一）和大学英语自学课程（上、下）。综合英语（三）是面向英语专业学生的专业基础课；高职公共英语（一、二、三）虽然是精读型课程，但它面向的是高职类学生，也不属于本文讨论范畴。其余课程涉及写作、阅读、口语、词汇、跨文化、语音等几方面，其中与英语写作相关的课程最多。令人感到意外的是，作为大学英语核心的精读课并没有成为慕课的主要课程，一方面说明慕课还没有根本颠覆传统大学英语教学体系，另一方面说明，写作、口语、阅读等课程更适合作为选修课在慕课平台推出，供学习者在通用英语的基础上自主学习。

（三）SPOC（小微封闭课程）的发展

英语精读慕课数量少的根本原因，从慕课的发展演进过程可以窥得一斑。在慕课与高校教学模式相融合的过程中，出现了 SPOC（Small Private Online Courses），即小微封闭课程（下文均使用 SPOC 表述）。SPOC 是对慕课的继承、完善与超越，能够促进优质慕课资源与传统课堂面对面教学的深度融合。SPOC 与慕课最大的不同在于它的封闭性，也就是说，只有各高校自己的学生才能通过注册在线登录到 SPOC 课程进行学习，学校之外的人从慕课平台无法搜索到，也无法参加 SPOC 课程的学习。2003 年教育部发起计算机网络辅助和自主学习的大学英语教学改革以来，各高校大学英语教师积累了丰富的在线教学的资源和经验，慕课平台的课程建设不应该如此滞后。我们有理由相信，很多高校的大学英语精读课程的在线学习模式被改造成了小微封闭课程。SPOC 将成为高等院校深化课程教学改革、推动优质 MOOC 建设的重要形态，是高校开展线上线下相结合的混合式学习模式的新趋势，有望推动高等教育在学籍制、学分制、课程设置和教学模式等层面的深入改革。

三、大学英语课程体系改革及融合慕课与 SPOC 的大学英语混合教学模式的设想

（一）我校大学英语课程体系的改革设想

教育部高等学校大学外语教学指导委员会于 2013 年开始酝酿新的大学英语课程标准，并于 2014 年 12 月发布了《大学英语教学指南（征求意见稿）》（以下简称《教学指南》）。在课程体系方面，《教学指南》提出，"大学英语教学的主要内容可分为通用英语、专门用途英语

和跨文化交际三个部分，由此形成相应的三大类课程。大学英语课程由必修课、限定选修课和任意选修课组成"。这就明确规定，大学英语不仅仅是一门高校公共基础课程，而是由通用英语、专门用途英语、跨文化交际三方面，涉及听、说、读、写、译等多门课程构建的一整套课程体系。我校正在筹备编制 2017—2022 年本科人才培养方案，恰恰给大学英语课程体系的改革提供了契机，在制定新的本科培养方案时，大学英语课程设置不应再简单表述为一门"大学英语"课程，而要把通用英语、专门用途英语、跨文化交际三方面的必修课、选修课都归纳到大学英语课程体系下。笔者设想，将原来的大学英语课程改为综合英语课必修课，设 3 学分，在本科第 1～2 学年开设，以通用英语为主；同时通过慕课平台开设英语发音、英语写作、英语口语、英语文化等慕课课程，作为各学期的选修课，承认慕课平台认证，给予修习学生相应学分。第 3～4 学年开设以职业为导向的专门用途英语，如法律英语、商务英语、工程英语等课程，以慕课平台为辅助，满足学生的专业成长需求。

（二）创建融合慕课和 SPOC 的大学英语混合教学模式

1. 创建融合慕课和 SPOC 的大学英语混合教学模式的必要性

尽管慕课具有教学资源丰富及便利性等优点，但慕课无法代替传统课堂的氛围和教师的即兴发挥所带来的课堂效果，所以慕课不能完全取代传统教学模式。《教学指南》指出，各高校应鼓励教师建设和使用微课、慕课，利用网上优质教育资源改造和拓展教学内容，实施基于课堂和在线网上课程的翻转课堂等混合式教学模式，使学生朝着主动学习、自主学习和个性化学习方向发展。面对慕课的汹涌大潮，高校教学管理者和实施者应当主动作为，寻找慕课和传统教学的结合点，将慕课融合为高校大学英语课程体系的重要一环，建立慕课和课堂教学相结合的混合教学模式。

2. 慕课和 SPOC 平台的选择建议

我校应尽快确定合作对象，建立天津商业大学慕课平台。根据笔者对国内五大慕课平台的了解，中国大学 MOOC 和全国地方高校UOOC 优课联盟是较好选择。前者由网易门户网联合高等教育出版社共建，是国内慕课课程最多的平台，如果加入该平台的学校云，可以共享平台所有课程，还可以将任意共享课程改造为本校的 SPOC 课程。后者由深圳大学牵头组建，利用超星慕课平台实现慕课资源共享，联盟成员高校的学分可以互认。此外，外语教学与研究出版社推出的数字课程平台，可以作为我校新视野大学英语教材的在线课堂辅助平台。

　　3. 融入慕课和 SPOC 的大学英语混合教学模式的设想

　　大学英语混合教学模式以必修课综合英语课程为主，听说读写跨文化类选修课为辅。综合英语课依托 SPOC 平台实施开展，听说读写跨文化类辅修课依托慕课平台实施开展，形成综合英语和分类选修课相结合的混合教学模式。

四、结语

　　由于笔者对慕课的研究刚刚起步，所以对慕课时代下的大学英语课程改革仅仅停留在设想阶段，很多疏漏或错谬需要在实践中去纠正和完善。融入慕课的大学英语课程改革势在必行，学校要在平台建设和资金方面提供大力支持，改革必然有阵痛，但当经过学校和教师的不懈努力，一套融合了慕课和 SPOC 的完备的大学英语课程体系建立起来的时候，我们才能跟上时代的步伐，更好地实现为国家和天津培养复合型、创业型应用人才的办学目标。

参考文献

　　[1] 张楠楠. 基于慕课时代的大学英语课堂教学模式探索与研究[N]. 科技创新导报，2014（36）.

　　[2] 郭万群. 大学英语多模态课堂教学研究 [M]. 上海：上海交通大学出版社，2015：120，124.

　　[3] 中国教育部. 大学英语教学指南 [R]，2014.

宏观经济学的翻转课堂教学模式研究[①]

尚　林[②]

摘　要：翻转课堂通过对传统教学结构进行的重新构建，为学习者加速知识内化的进程提供了环境。慕课基础上的翻转课堂给宏观经济学教学改革带来了新的活力。针对宏观经济学的学科特点，借助于慕课等资源，探索翻转课堂教学模式在宏观经济学教学中的实施策略，以期提高宏观经济学教与学的效率。

关键词：翻转课堂；宏观经济学；教学模式；慕课

自 2011 年以来，作为一种影响课堂教学的重大技术变革，翻转课堂的理念逐步为人们所理解和接受。翻转课堂将虚拟教室与实际课堂融合到一起，教师组织学生课前利用慕课及文献资料完成知识点的自主学习，并通过课堂上面对面的互动讨论与答疑，实现了"有温度、有接触"的教学，在培养学生思辨能力的同时提高了对教学视频的利用效率。学生从被动学习变为自身知识结构的积极建构者，可以根据自身认知程度进行选择性学习，其个体学习需求得到了满足。翻转课堂的种种优势使得教育工作者愿意将其引入到自己的教学活动中来。

一、高校"宏观经济学"翻转课堂的实践背景

（一）"宏观经济学"课程概述

"宏观经济学"是高校经济管理类专业学生的专业基础课，是以

---

① 本文的项目来源为 2016 年天津市教委调研课题"推进高校大规模开放在线课堂教学改革的研究"（16SJGW08）。

② 尚林，天津商业大学经济学院讲师，研究方向为技术经济与管理。

国民经济总过程的活动为研究对象，主要考察就业总水平、国民总收入等经济总量。教学内容包含了国民收入决定理论、就业理论、通货膨胀理论、经济周期与增长理论、财政与货币政策。该课程设立的目的是通过介绍经济学的概念、框架和方法，培养学习者的经济学直觉和思维方式，使其掌握经济学的基本原理和研究工具，进而去观察和解释生活中有代表性的经济现象与问题。

（二）"宏观经济学"课程教学面临的困境

首先，理论中数学知识应用频繁，但学生的数学基础相对薄弱。宏观经济学中很多理论的建立需要利用数学方法加以推导和验证，因此需要学生有较强的数学知识的储备和应用能力。但现实中经济管理类专业的学生大多拥有较丰富的人文历史知识，但数学思维能力不足，这样的知识结构使学生倾向于利用定性分析的方法来学习，不愿意采用图形、公式等定量分析的方法对复杂抽象的经济问题进行深入研究。由于课时的限制，教师很难在讲述经济学知识的同时提升学生的数学兴趣与水平；出于保证教学效果的考虑，只能尽量缩减对数学方法的运用较多部分的介绍，而这显然无法达到培养学生数理分析与研究能力的目的。

其次，宏观经济学的研究内容和研究领域不断深化和拓展，课堂教学无法覆盖实际需求。20 世纪以来，宏观经济学理论得到了长足的发展，体现为理论假设条件的多样化以及由此带来的新理论，研究领域也呈现出非经济化趋势，这大大增加了"宏观经济学"课程需要承载的知识量。但由于目前教学模式、教学手段以及师资力量的限制，导致课堂教学的知识覆盖面过窄，深度不够，无法满足部分对宏观经济学感兴趣学生的学习需求。

最后，各种微视频给予了学习者在学习地点和学习时间上更多选择，当代大学生也更愿意以更有弹性的方式从网络上获取自身需要的学习资源。选择名校名师开设的课程不但不受时空限制，还可以获得与授课教师互动与结课证书，这一方面使学生的学习积极性与自主性得到了提高，另一方面可能会引发其对自身授课教师的教学质量和教学方法的不满，导致课堂出勤率的降低。如何做到在引入新的学习方法的同时赋予传统课堂不可替代的价值，这引起了教师群体的广泛思考。

（三）翻转课堂在"宏观经济学"课程中推行的可行性

翻转课堂的设想由迈阿密大学商学院的教师莫里·拉吉和格兰·波兰特在1996年提出，其首次应用则是在二人教授的"经济学原理"课程中。近年来，优良的教学视频（包含慕课）逐渐成为学生课下自学经济学知识的重要资源。应该说，各方因素促成了翻转课堂在"宏观经济学"课程教学活动中的应用。

首先，从课程角度分析，"宏观经济学"课程理论与实际相结合，实证分析与规范分析并用，文理科知识并重。其中相对好理解且容易引起学生兴趣的内容，如经济学家的生平，教师可以利用慕课平台，将相关的视频、音频和文本提供给学生，让其独立完成翻转课堂的课下环节，节约课堂时间。在课堂内，可以重点讲解自学困难的部分，以实现提高知识内化程度的目的。同时借助于经济案例、经济实验、小组讨论与发言的方式，增加师生、生生间情感交流的机会，锻炼学生团队协作、沟通交流、总结汇报的能力。课下观看视频可以让学生按照自己的节奏进行学习，课上的互动环节则使参与者有了展示自我的机会，这改善了学生的学习体验，提升了其对经济学的兴趣，也保证了翻转课堂在本课程的实施效果。

其次，教师自身的需要为翻转课堂的推行提供了动力。慕课与翻转课堂是目前高校各学科教学改革的两大焦点，二者体现在教学方法和内容等方面的变化也吸引了经济学教师的关注。如果想把二者的理念融入宏观经济学的教学，任课教师必须掌握学科前沿的发展动态，积累、丰富各种教学资源，这对其自身专业知识和职业技术素养的更新大有帮助，并会促进其职业的发展。

最后，翻转课堂是将信息技术与课程进行整合，进而营造出的一种新型教学环境，而目前大学生的成长与手机和网络普及同步，大都拥有台式机或笔记本电脑，熟悉各网络平台的操作，具备较为丰富的信息获取和处理能力，因此对该教学环境不会感到陌生或排斥，基本都可以在教师的引领下完成学习进程。

二、翻转课堂在"宏观经济学"课程中的教学模式设计

翻转课堂力图通过对课前、课内、课后等教学环节的重新设计和规划，来实现知识传递和内化效率的提高。基于这个理念，本研究设计了翻转课堂教学模式的基本框架，如图1所示，并在下文以"失业与通货膨胀"这一章为例说明该模式在宏观经济学教学中的具体实施过程。

（一）课前自主学习

在学生开始在线学习之前，教师首先根据所学内容的知识类型，选择包括慕课视频和文献资料在内的教学资源，并结合学生的学习兴趣和专长，划分互助学习小组，明确学习目标，分配学习任务。当然，课前学习任务是在考虑学生目前知识水平和学习能力的基础上布置的，其目的就是检验和强化学生对视频资料中知识点的理解和掌握。

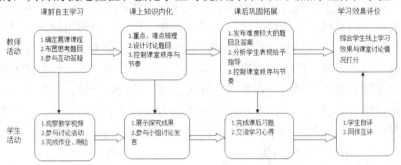

图1　翻转课堂教学模式框架图

失业与通货膨胀这一章探讨失业与通货膨胀的定义、原因和影响，要熟练掌握自然失业率、奥肯定律、通货膨胀等基本概念，重点把握菲利普斯曲线的含义，其理论与实际的结合较为紧密。学生要达到学习目的，应事先掌握一定的背景知识和经济学理论，在此基础上进行深度学习，而这样的特点适合开展翻转课堂的教学模式。结合现有的视频资源和课件，任课教师可要求学生自主完成相应章节的学习，阅读曼昆教授所著的《经济学原理》中的内容，并对其中指定的题目做出回答。如果学生在观看视频中遇到了问题，可以在讨论组中加以

解决，或是在论坛上提出以寻求帮助。学生间的交流和讨论可以带来知识的碰撞，也有利于学习中孤独感的降低。为鼓励学习同伴积极互动，教师可以引入加分机制等激励手段。除此之外，教师还应承担在线答疑与引导的任务，针对比较集中或难度较大的问题，如"菲利普斯曲线与宏观政策的关系"，教师可以借助于文字、图形或者微视频的形式给予细致的解答。

（二）课上知识内化

这一阶段承担着检验预习效果和完成整体教学目标的任务，在翻转课堂中具有关键的意义。在教学过程中，教师扮演着导演的角色，精心设计课堂上的对话、讨论等教学环节，创立基于问题的讨论式课堂。而学生应进一步明确自身知识建构者的定位，积极进行探索式学习和互助式学习，加深对课前所学知识的理解，达到内化知识的目的。

在课堂上，教师可以依据学生在线观看慕课的反映，对其中有探究价值的问题进行归纳总结，并提供给学生作为学习小组间进行讨论的题目。小组成员有明确的分工，在阅读大量的相关文献的基础上独立探索，对各自掌握的信息和观点做出判断和归纳，之后推举代表做出陈述，并由教师就小组准备和代表发言情况做出点评。在整个过程中，学生信息搜寻、团队协作等方面能力得到了很好的锻炼，参与教学环节的主动性得到了提高，并深化了对相关问题的认知。

（三）课后巩固拓展

要达到牢固掌握课前与课堂所学内容的目的，课后一定要对知识进行巩固、深化与拓展。对教师来说，应深入分析学生的学习日志和师生互动中的内容，了解学生在新的教学模式中的情感体验，掌握其学习时长、学习轨迹和学习规律，评估其学习效率，并利用面对面和网上交流的方式加以辅导。此外，还可以将与本章内容相关的历年考研题目发布到论坛里面。从学生的角度讲，除了完成教师布置的课后习题，还可以自主观看相关的微视频，并利用数字平台，总结和发布自己的学习感悟、收获和疑问，形成相互交流的氛围，促进共同进步。

（四）学习效果评价

和传统课堂相比，翻转课堂对学生学习效果的评价方式更为多元，注重过程性评价和终结性评价相结合。过程性评价的结果根据学生线上学习和课堂参与两个方面的情况给出，线上学习部分主要考察的是学生观看教学视频的时长、小测验及作业完成情况及在论坛的总结发言等；课堂参与则要考察学生课堂回答问题、小组讨论发言与互动等方面的表现。终结性评价的基础则是慕课的结课考试成绩和本校的期末考试成绩。过程性评价衡量了学生的学习动机和情感态度，体现了其学习能力和学习潜力；终结性评价则偏重于考察学生对知识掌握的熟练程度。二者的结合，综合了量化评价与质化评价各自的长处，对学生学习的态度、过程和效果进行了全面的考评，这对丰富学生的学习经验，提升其学习的积极性都大有裨益。

三、结论及启示

实践表明，翻转课堂模式通过微视频、课间测验、实时反馈等方式让学生参与教学的全过程，在丰富学习体验的同时提升了获取知识的技能。对学习成绩的过程性评价则使学生体会到学习过程的重要性，进而树立正确的学习动机，养成合理的学习习惯，达到提升学习质量的目的。同伴互评机制在消除学习孤独感的同时给了了评判者与具有不同教育背景的同学进行交流的机会，从而开阔了视野。课堂上的发言和学习日志的分享，则使学习过程更有温度，同学间的情感也得以深化。

总之，翻转课堂作为一种新的教学模式，有利于学生对知识的探究能力和教师综合业务水平的提升。在将这一新的教学理念付诸实践的过程中，教师应结合自身学科特点和学生的能力，具体分析并选择适合翻转的章节，认真挑选教学视频，周密设计教学环节，实现翻转课堂教学效果的最大化。

参考文献

[1] 张金磊，王颖，张宝辉. 翻转课堂教学模式研究 [J]. 远程教育杂志，2012（4）：46—51.

［2］张伟俊. 基于慕课的翻转课堂的实践与思考［J］. 江苏教育研究，2015（3）：56—58.

［3］黄荣怀，马丁，郑兰琴. 基于混合式学习的课程设计理论［J］. 电化教育研究，2009（1）：9—14.

［4］牟占生，董博杰. 基于 MOOC 的混合式学习模式探究——以 Coursera 平台为例［J］. 现代教育技术，2014（5）：73—80.

［5］高地. MOOC 热的冷思考——国际上对 MOOCs 课程教学六大问题的审思［J］. 远程教育杂志，2014（2）：39—47.

基于任务驱动模式的"证券投资学"课程教学改革

邵永同①

摘　要：任务驱动教学模式是基于建构主义教学理论的一种现代教学模式。本文分析了"证券投资学"课程教学中存在的主要问题，阐述了任务驱动教学模式及其特点，着重对"证券投资学"课程中实施任务驱动教学进行了具体设计，并指出了实施任务驱动教学模式需要注意的几个问题。

关键词：任务驱动；证券投资；教学改革

一、"证券投资学"课程教学中存在的主要问题

金融市场的快速发展对实践技能较强的金融人才需求十分强烈，而学生的实践能力无法通过传统的理论课堂获得，必须通过各种积极主动的课内课外专业实践活动来培养。作为实践性很强的一门金融学专业基础课，证券投资学在教学过程中迫切需要改变以往以理论知识灌输为主的教学理念，应在教学中给学生设计一系列包含实践操作训练的任务，让学生在完成特定任务的过程中逐步提升实践技能。目前，我国大部分学校的证券投资课程教学还没有达到这一要求，仍存在一些问题，主要表现为以下几个方面。

---

① 邵永同，博士，天津商业大学经济学院副教授，主要从事金融学、投资学的教学和科研工作。

（一）证券投资理论知识与实际业务相脱离

可供参考的证券投资教材大约有几十种，其中不乏经典教材，然而，现有教材的内容主要强调知识的系统性，重视知识的理论性描述，实用性和操作性不强，缺乏相应的实践操作训练内容，与证券投资市场实际业务相脱离。教材中现有的这些内容虽然有利于培养学生的知识体系，拓宽学生知识面，但不能满足学生动手能力和职业竞争力的培养。通过这些知识的学习，学生只能掌握相关概念的定义、特点，只会纸上谈兵，面对证券投资实际工作往往束手无策。

（二）课堂教学方法缺乏启发性

课堂教学中的启发性教学以培养学生的学习能力为重，在教学环节强调以学生为主导、以过程管理为核心，让学生成为课堂教学的主体。长期以来，我国"证券投资学"课程的课堂授课方式主要采取教师在讲台上讲、学生在下面听和记，课堂教学过程缺乏必要的师生交流与互动，学生处于"填鸭式"的被动接受状态，这种授课方式很难调动学生的学习兴趣，课堂也往往成为教师一个人的"独角戏"，这种以知识灌输为主的教学方法缺乏应有的启发性。因此，证券投资课堂教学要树立全新的理念，那就是课堂教学不在于给学生灌输多少知识，而要看重是否对学生有所启发，是否能引导学生们敢于质疑权威、勇于提出自己独到的见解。

（三）实践教学环节薄弱

在"证券投资学"课程教学安排上，大多数学校会安排一定课时的实践教学课。然而，我国很多高校证券投资实验平台建设相对滞后，有些高校即使建设了相关证券投资实验室，但因软件建设和实践教学师资队伍建设跟不上而流于形式，成为应对上级主管部门评估检查的摆设。此外，"证券投资学"课程安排的实验课有时过于集中，不仅缺乏专业的教师进行精心指导，学生也来不及将实验内容进行及时操作和巩固，因而常常导致效率低下，使教学实践活动与预期的效果相去甚远。

二、任务驱动教学模式及其特点分析

任务驱动教学模式，是基于建构主义教学理论的一种现代教学模式。它强调以任务为核心，由教师通过构建具体的任务情境，设计具有针对性的若干任务内容，引导学生在课堂教学过程中完成任务进行主动学习，获得课程应掌握的相应技能，以提高发现问题、分析问题和解决问题的能力，而学生通过完成预先设计的任务获得满足感和成就感，从而使求知欲得到进一步强化。

任务驱动教学模式与传统教学模式有明显的区别，对学生来说，前者是为完成任务而主动探究和学习，后者则是被动接受和记忆。因此，任务驱动教学模式具有的特点主要表现为：① 学生的主动性较强。由于任务驱动模式下，学生为完成教师设计的任务，需要动手搜集证券投资的相关资料，并加以消化吸收。若遇到不懂或不会操作的内容，必须向教师请教或跟同学讨论，这就要求他们必须积极主动地学习，不能被动接受或消极对待。② 学生的探索性得到提升。任务驱动也就是带着任务去学习，实际上是一个解决问题的过程，并且这些任务本身并没有现成的答案，甚至都很难找到答案，需要学生们不断进行探索和求证。而且，"证券投资学"课程中的有些理论内容与实践脱节，教师在设计任务时，往往无法预料学生完成任务的困难，这就更需要学生去不断探究和求证，从而提升学生的探索精神。③ 学生的成就感加强。当学生通过自己的努力顺利完成教师设计的任务后，会不由自主地产生一种成就感。任务完成得越顺利，这种成就感就越强烈，并且随着课程讲授内容的不断展开，学生完成的任务也越来越多、越来越复杂，因此这种成就感会不断得到强化。

三、"证券投资学"课程任务驱动教学的具体设计

（一）学生基础分析

一般来说，证券投资学课堂中，听课学生的基础差别较大，教师在进行具体课程任务设计之前，应充分了解学生的原有基础。其一，了解学生对该课程的学习兴趣，对哪些证券投资产品比较感兴趣，他

们更倾向于用哪些方法分析证券产品的市场行情等。如果教师设计的课程任务与学生的学习兴趣不符，那么学生很难认真努力地去完成任务。其二，要调查学生前期所学的与证券投资相关的基础课程，以便在给学生设计课程任务时能够有的放矢，不至于设计的任务与学生的基础、能力相差太大，导致学生无法完成，从而产生厌学、惧学的情绪。

（二）任务内容的设计

任务驱动教学的关键是要对任务内容进行精心合理设计。

第一，应从课程需要掌握的知识点出发，设计的每一项任务都要与对应的知识点相联系，即学生需要在课堂上完成的任务是课程知识体系的有机组成部分，学生通过任务的完成能够熟练掌握对应章节的证券投资知识。比如，在讲授证券投资基本面分析中的宏观经济分析时，可以给学生布置课程任务，让学生在课堂中同步获得当前的宏观经济数据，以充分了解当前宏观经济发展状况和趋势，在此基础上再要求学生根据当前实际宏观经济形势结合教材中的宏观经济分析方法对股票市场进行分析和判断，从而清晰理解证券投资基本面分析中的宏观经济分析技巧。

第二，紧密结合"证券投资学"课程人才培养计划中的教学内容和教学目标，基于教学目标进行任务设计，并在设计任务的过程中将该课程的教学目标巧妙地涵盖进来，从而使学生完成任务后一并掌握该课程的专业理论知识和实践操作技能，实现预期的教学目标。在"证券投资学"课程的教学目标中，我们要求学生掌握一定的证券投资实践能力。基于这一教学目标，在进行课程任务设计时，就要对学生的实践能力培养加以重视。比如，在讲授证券投资技术分析的形态理论时，可以布置学生运用证券投资分析软件，搜索课程中讲解的各种股票价格波动形态，必要时可以打开行情软件的辅助工具功能，借助软件辅助工具中的各种作图工具，在行情中做出各种辅助线来刻画行情波动的形态，通过完成这一任务要求，不仅有助于学生对形态理论的深刻掌握，也极大地提高了学生运用证券行情软件进行实践投资的能力。

（三）任务过程的实施

教师将任务设计完成之后，要在学期开始时尽快把任务分配给学生，同时告知学生每一项任务的具体要求、培养重点、能力指向和考核方式，使学生们了解该学期需要完成哪些任务、任务量有多少。在完成任务的过程中，为加强同学之间的沟通，可采取小组合作的方式完成，将学生进行分组，并给小组中每一位成员分配具体的任务内容。鼓励小组内各成员之间相互学习，促进组内成员之间的合作交流，形成竞争性学习氛围。通过合作交流和思想碰撞还可实现思维创新，也有助于培养学生的团队合作精神和协作能力。

（四）任务完成情况的评价

每次任务完成之后，教师还应及时对学生完成任务的情况进行评价，这也是任务驱动教学模式的必要环节。其一是教师的点评与延伸。学生们完成任务并进行展示后，教师要对小组的整体表现从内容、形式、讨论等环节进行综合评价。当然在具体评价时，应以正向鼓励为主，主要是通过总结和评价，激发同学们参与的积极性，使其逐步树立信心。同时要对该项任务涉及的知识点、能力进行适度延伸，有利于学生建构知识体系。其二是进行适当的奖励。除了客观评价外，教师也可在课程教学中设置任务完成情况的奖励机制，激发学生的荣誉感和成就感。奖励的方式可采取任务渐次减轻的办法，以实现高质量完成任务的正强化效应。

四、实施任务驱动教学模式需要注意的几个问题

（一）充分考虑学生的个体差异，增强任务的针对性

在进行具体任务设计时，教师要充分考虑"证券投资学"课程学生的个体差异，根据学生的基础情况、认知水平和学习需求等不同，分层次、有梯度地进行任务设计，这样可以极大地增强所设计任务的针对性，以最大限度地满足不同基础和特点的学生的学习需求。如果任务设计没有针对性，则会出现基础差的同学觉得任务太难，从而产生畏难情绪；而基础好的学生又觉得任务太简单，缺乏挑战性，从而不积极认真完成。

（二）紧密结合培养目标，合理确定任务量

在给学生分配任务时，还需要注意任务量的大小，每一个任务当中所包含"证券投资学"课程的知识点数量要适中。教师可以考虑随着课程进展，等学生接受了一定基础任务的训练后，再逐渐增加任务量。确定任务量时，既要让学生通过完成任务尽可能多地掌握证券投资的知识体系，获得必要的证券投资实践技能，也不能让学生因为任务量太大而失去完成任务的信心，从而不努力完成任务而是简单应付了事。

（三）引导学生思考和创新，注重任务的启发性

教师在设计任务时，应强调任务的启发性。只有引导学生不断进行思考和创新的任务才具有强大的生命力。让学生通过完成任务不断得到启发，从而对证券投资知识的理解和把握不断深化，以逐步增强其对知识的灵活运用和应变能力，只有这样才能最终顺利实现"证券投资学"课程的培养目标。

参考文献

[1] 李晓莉. 对"证券投资学"课程建设的文献研究 [J]. 济源职业技术学院学报，2009（4）：92—96.

[2] 陈建忠. "证券投资学"课程教学设计研究 [J]. 常州工学院学报，2010（4）：90—93.

[3] 朱志明. 任务驱动教学模式在电子商务课程中的应用研究 [J]. 亚太教育，2015（14）：162.

数学建模选修课慕课教学改革的研究与实践①

安建业　王全文　徐　立　刘　冬　赵　旭　刘翠云②

摘　要：本文以天津商业大学数学建模选修课为试点，以"超星MOOC教学平台"为载体，探索了"以学生为中心、以教师为主导"的 MOOC 教学模式。结果表明：像数学建模这样的全校理学类选修课不太适合采取以 MOOC 为主的教学方式，而应该进行混合式教学。

关键词：数学建模；选修课；慕课；教学改革

数学建模作为全校选修课，对于培养学生运用数学、统计学的基本原理与方法，借助于计算机软件技能解决实际问题的创新能力具有重要的作用，是一门实用性很强的课程。然而，在传统教学中过分强调教师在课堂教学中的主导作用，对学生自主学习能力的训练不够，从而在某种程度上影响了对学生综合创新能力的培养。因此，根据数学建模选修课的特点，选择何种教学模式才能够增强本课程的教学效果，使学生在解决实际问题的过程中提高其创新能力，是需要我们进一步探讨的课题。

如今，随着现代信息技术、网络技术的发展以及教育理念的不断更新，MOOC、翻转课堂等教学方式引起了大家的极大关注。这些新

① 天津商业大学本科教育教学改革重点项目《数学类与统计学类专业实践教学体系的研究与实践》（15JGXM01）和《应用统计学专业建设改革研究与实践》（15JGXM01）。

② 安建业，天津商业大学理学院教授，主要从事优化与建模、应用统计与大数据分析方面的研究。王全文，天津商业大学理学院副教授，主要从事数据包络分析方面的研究。徐立，天津商业大学理学院副教授，主要从事微分方程、优化与控制方面的研究。刘冬，天津商业大学理学院讲师，主要从事数学建模、统计模拟方面的研究。赵旭，天津商业大学理学院助理研究员，主要从事教学管理方面的研究。刘翠云，天津商业大学理学院助理实验员，主要从事实验室管理方面的研究。

的教学模式是以学习者为中心，充分利用现代技术手段，通过开展研究式、讨论式等教学方法，将课内与课外融为一体，实现优质教学资源共享，有利于培养学生的创新能力、自主学习能力。基于此，我们组建了课程团队，从研究的理念与方法、教学设计、教学资源与课程网站建设、教学改革实践效果等方面，开展了以 MOOC 为主的教学方式对数学建模选修课进行教学改革的研究与实践。

一、研究的理念、目标和方法

为了取得预期的研究成果，在分析 MOOC 教学模式优缺点的基础上，结合数学建模选修课以及非理学类本科专业学生的具体特点，本文确立了如下的研究理念、目标与方法。

（一）理念

本文将信息技术、网络技术与数学建模课程的教学深度融合，借助于网络课程教学平台，课上与课下、线上与线下相结合，通过开展 MOOC 模式的教学改革实践，培养学生的自主学习能力、解决实际问题的综合创新能力以及团队的合作精神，以此提高学生的综合素养。

（二）目标

本文通过探索、研究与实践，在总结过去数学建模课程教学过程中取得经验的基础上，发挥 MOOC、翻转课堂等教学方法的优势，探索数学建模选修课的有效教学模式，并为全校理学类选修课程开展 MOOC 教学改革提供参考。

（三）方法

本文主要采用的研究方法有以下几点。

首先，深入了解 MOOC、翻转课堂等教学方式的内涵，结合数学建模选修课的性质与课程特点，确定基于 MOOC 的数学建模课程的建设方案。

其次，采用教育部"爱课程"网站提供的中国大学精品开放课程中有关数学建模的教学视频作为基础材料，充分吸收互联网上其他优质的相关教学视频资源，并结合研究团队在过去十多年教学过程中积累的教学资料，不断丰富、拓展课程的网络教学资源。

最后，按照"边研究、边实践、边改进"的研究思路，在一轮一轮的实践与总结的基础上，完善课程网络平台的资源与功能，改进教学方法，逐步提高课程的教学效果，达到预期的研究目标。

二、教学改革研究的具体方案

（一）在教学团队的组建方面

由多年来一直从事数学建模教学与竞赛指导，教学经验丰富的四位教师担任授课教师，同时，还有一位教学秘书负责教学研究资料的整理，另一位青年教师担任助教工作，确保团队具有较高的教学水平、较强的研究能力。

（二）在教学目标的确立方面

经过调研、讨论、分析、归纳与总结，最终确立为：在领会数学建模思想的基础上，通过学习数学规划、微分方程、图论及概率统计等数学建模常用的方法，以及 Excel、Matlab、Lingo 及 R 等数学模型求解软件工具，并借助于对相关案例的分析、研究与讨论，培养学生运用数学建模解决实际问题的综合创新能力。

（三）在教学大纲的修订方面

围绕数学建模选修课的教学目标，构建了以讲授数学规划、微分方程、图论、随机模拟等建模方法为主要内容的教学体系，具体包括以下几个方面。

绪论　数学建模概论：数学建模的基本概念、数学建模的意义、数学建模的分类、数学建模的步骤、怎样学习数学建模（教学重点：理解数学建模的意义、方法与步骤，掌握学习数学建模的方法；教学难点：理解数学建模的思想与方法）。

专题 1　数学规划建模：数学规划及其一般模型、线性规划及其一般模型、整数规划及其模型、Lingo 软件求解数学规划、数学规划建模实训（教学重点：理解数学规划模型的三要素，掌握线性规划模型、整数规划的建模及求解模型的方法，利用 Lingo 软件求解数学规划模型；教学难点：数学规划求解算法及 Lingo 软件编程）。

专题 2　微分方程建模：微分方程建模方法、Matlab 软件求解微分方程、微分方程平衡点和稳定性、微分方程建模实训（教学重点：理解并掌握微分方程建模的思想、方法，掌握微分方程定性与稳定性基本理论及微分方程的 Matlab 求解方法；教学难点：微分方程建模的思想、方法）。

专题 3　图论方法建模：图论基本知识、图论建模及求解算法、利用软件求解图论模型、图论建模案例、图论建模实训（教学重点：掌握图论的基本知识，理解图论建模的常用方法，熟悉求解图论模型的常用软件编程方法，学会运用图论建模方法求解实际问题；教学难点：求解图论模型的常用算法）。

专题 4　模拟方法建模：各种分布的回顾、随机数生成的原理与方法、统计软件 R 的使用、随机模拟建模实训（教学重点：理解并掌握随机模拟的思想与方法，随机数生成的方法，如何利用 R 软件进行随机模拟，学会运用随机模拟方法解决某些相关的实际问题；教学难点：掌握随机模拟的思想与方法）。

另外，各部分内容的学时分配情况如表 1 所示。

表 1　学时分配

章　次	总课时	课堂讲授	上机	实践	备　注
绪论	2	2			
专题 1	10	4	2	4	
专题 2	6	2	2	2	
专题 3	6	2	2	2	
专题 4	8	2	2	4	
总　计	32	12	8	12	

（四）在考核办法的制定方面

由于它是作为教学过程的一个非常重要的环节，通过考核不仅可以检查学生的学习情况、评价课程教学效果、反馈课程教学信息，而且具有引导学生学习和激励学习的作用，因此，我们选择了基于过程化的课程考核方式。总评成绩由线上学习成绩、四个专题的成绩以及结课论文成绩三部分组成，具体包括如下几个方面：

其一，线上学习成绩主要考核学生利用数学建模课程网络平台，按照教学进度要求，通过在线观看教学视频资料、解答课后习题、参加问题讨论等方式自主学习课程的情况，这部分成绩占课程总评成绩的 30%。

其二，学生每学完一个专题的具体内容后，组织开展一次集中讨论课。根据讨论课上学生的表现评定这一专题的成绩，每个专题的成绩均占总成绩的 10%，这部分成绩占总成绩的 40%。

其三，完成课程的在线学习后，要求学生撰写结课论文，这部分成绩占总成绩的 30%。

另外，为了调动大家学习的积极性，我们推荐成绩优秀的同学参加全国大学生数学建模竞赛，进一步激发其学习兴趣。

三、课程改革的教学资源建设

按照教学大纲的要求，多方面收集、制作并整理教学资源，主要包括以下四点：

其一，从教育部"爱课程"网站提供的中国大学开放课程中多位名师有关数学建模的教学视频中，选取适合本课程的优质资源作为基础视频资料。

其二，根据教学需要，团队中教师自己制作的部分教学视频资料。

其三，在过去的教学过程中，课程团队成员积累的相关教学资料。

其四，利用"超星 MOOC 教学平台"上的相关教学资源。

四、课程教学平台的研制

以超星 MOOC 网络教学平台为基础，研制数学建模选修课的课程教学网站：

其一，依据教学大纲，结合整理的教学资源，经过认真讨论、研究，对每个学习的知识点编写制作课程网站的脚本文件。

其二，以"利于学习、便于教学、易于操作"为原则，借助于超星 MOOC 教学平台制作本课程的教学网站（网址：http://mooc.chaoxing.com/course/873691.html）。

在课程网站的教学平台上，可以很方便地完成课程注册、登录、发布公告与通知、控制教学进度、布置与提交作业、答疑、讨论、学习状态统计、在线学习成绩评定等多种功能，能够满足 MOOC 教学的基本要求。

五、教学改革实践情况

在前期准备工作的基础上，2014 年 9 月开始了数学建模选修课的教学改革实践。

（一）教学改革实践过程

2014 年 9 月至 2015 年 1 月，进行了初次教学实践。首先，在选课方面，没有事先告知学生课程采用的是 MOOC 教学模式，并限定了 30 人的选课人数，学生完全按照以往的选课方式，最终有 2011 级 17 人，2013 级 13 人选课。其次，在授课方面，四位教师每人负责一个专题的教学，并安排另外一名助教协助课程教学的管理工作。每个专题开始教学前由教师在网上布置本专题的学习任务、学习期限，师生在网络平台上进行答疑、讨论等互动交流，教师在结束前一周通知集中讨论交流的内容、时间与地点，并对本专题的学习效果进行考核，助教负责所有的教学管理工作。最后，在考核方面，完全按照预定的考核方案进行，但是最终考核结果不理想。在四个专题的讨论、交流与考核课上，每次仅有 10 多名学生参加，而近 50% 的学生几乎没有在线学习的记录，因而在选课的 30 人中仅有 9 人及格，在选课的 23 名文科学生中仅有 21% 及格，在选课的 17 名 2011 级学生中也仅有 1 人及格。

2015 年 3 月至 2016 年 6 月，进行了第二至第四轮次的教学实践。在初次教学实践的基础上，课程团队进行了认真的分析与总结，特别是从选课方式上做了调整，一方面适当增加了选课的名额，另一方面让学生事先了解本课程的教学模式。从选课结果看，理工类专业选课的人数有所增加，选课学生的数学基础有了较大提高。从学生在线学习的情况看，学生的学习积极性比上学期有明显提高。选课人数从 47 人增加到 150 人；近 70%的学生能基本完成任务点的学习，约 30%的学生在线学习不合格；但是，每次讨论课参加的人数占总人数的 60%，讨论课效果不理想，还需进一步改进。

（二）教学改革实践效果

在第一轮次教学实践的过程中发现：选课的部分学生认为不适应这种 MOOC 教学方式，再加上学生对选修课不重视，因而不少学生放弃本课程的学习；那些抱着混学分的态度选修本课程的学生觉得学习比较困难，也不愿花太多时间钻研；也有的学生认为在线答疑不及时，影响学习效果；有的同学认为本课程采用了先进的线上、线下混合教学方法，增加了学习数学建模的兴趣，提高了学习的效率；有的同学认为通过数学建模的学习，更深刻地体会到了合作的重要性；有的同学认为通过本课程的学习认识到了自身的许多不足。

任课教师也认为：选课方式应该进一步改进，选课前让学生了解本课程的教学模式，使学生凭兴趣学习，以提高学生学习的主动性；在教学模式上，对于理科类课程，需加强集中讨论的教学课时，不能过多地依赖于在线教学，单纯采用 MOOC 的教学模式效果欠佳；另外，课程的教学内容还需要进一步降低难度，应尽可能通过一些简单的建模案例领会深刻的道理。

六、结论

经过对数学建模选修课四个轮次 MOOC 教学改革的探索、研究与实践，我们团队达成了共识，一致认为：

其一，对于全校选修类课程，由于不少学生的重视程度不够，不愿意花费较多的时间学习这类课程，在选课的学生中容易出现找人替自己学习的现象，因此这类课程采取单一的 MOOC 教学模式，效果不理想，而应该将 MOOC 教学与传统的课堂教学有机地结合起来，开展讨论式、研究式、讲授式等混合式的教学模式。

其二，对于提供网络教学平台的软件公司，在研制设计、开发 MOOC 平台时，以"利于学习、便于教学、易于操作"为原则，在学习者身份识别、学习过程监控上不断完善其功能，提供更好的服务。另外，对于理科类选修课程，目前的课程网络平台互动交流时，其中的符号、公式输入虽然提供了输入平台，但是仍然有些不方便，这也会影响师生使用MOOC平台进行教学改革的积极性。

其三，对教师而言，特别是在教学内容的更新、课程资源的拓展以及在线辅导答疑、批改作业、集中讨论等教学环节将会比传统教学花费更多的时间，因此在教师工作量的核算上应该予以鼓励，加大核算系数；对学生而言，学校应对网络升级改造，降低因利用互联网学习而增加的时间、上网费等额外的学习成本，提高网速，提高学生利用MOOC学习的积极性。

参考文献

[1] 林公源.《数学建模》与数学教学改革 [J]. 云南民族学院学报（自然科学版），1996（1）.

[2] 李丽萍. 慕课背景下高校教学模式改革新视角研究 [J]. 中小企业管理与科技（下旬刊），2014（11）.

[3] 任友群，赵琳，刘名卓.MOOCs距离个性化学习还有多远——基于10门国内外MOOCs的设计分析[J].现代远程教育研究,2015（6）.

关于"功能无机材料"课程教学的思考与探索

王 倩[①]

摘 要："功能无机材料"课程综合性强，涉及范围广，理论知识抽象，且内容更新快，因此教学的方式方法面临着挑战。本文结合课程特点以及教学实际，从教学思路、教学内容以及教学方法等方面进行探讨，旨在找到更优的教学方式，取得更好的教学效果，使学生真正得到专业素养的训练。

关键词：功能无机材料；教学思路；教学方法

"功能无机材料"课程是为我校应用化学专业（材料方向）的本科生开设的一门限选课。该课程主要介绍无机功能材料的研究现状、合成方法、结构表征手段及应用，具体包括催化功能材料、发光功能材料、半导体材料、高性能导电材料以及功能矿物材料。通过本课程的学习，旨在使学生开阔视野，拓展思路，了解功能无机材料的研究现状及发展前景，掌握多种功能材料的制备、结构表征方法，以及在实际生产和生活中的应用，为毕业后从事材料方面的工作奠定理论基础。但该课程综合性强，涉及范围广，理论知识抽象，且内容更新快，因此教学的方式方法面临着挑战。本文将课程特点和教学实际相结合，从以下几个方面浅谈一下对"功能无机材料"课程教学方法的思考与探索。

一、教学思路与内容

"功能无机材料"是在学生学习了"材料化学导论""材料分析测

---

① 王倩，天津商业大学理学院讲师，主要从事超分子化学方面的研究。

试技术"等专业课的基础上开设的，学生已经对材料的组成、结构、性能、表征等有了一定的认识，因此本人认为，不应在材料的结构、表征方法和机理等方面花费太多学时，而应该从内容新、知识活上下功夫，阐述功能材料的功能来源，并介绍材料的功能与其组成、结构之间的关系，这样不仅能够更好地调动学生的学习积极性，还能进一步扩大学生的知识面。另外，随着时代的进步与科技的发展，现在功能材料已经应用到各行各业，甚至很多与我们的日常生活紧密相关，因此，在讲课过程中应该联系一些高科技产品，或者我们周围所接触到的一些材料进行讲解，以此来大大激发学生的学习兴趣。功能材料还有一个特点就是更新速度非常快，我们必须将基础理论知识与学术前沿相结合，介绍一些综述性和科普性的内容，一方面增加学生的学习热情和兴趣，更重要的是，开阔学生视野，扩大学生知识面，使学生掌握功能材料的新理论、新技术和新知识，明确当前功能材料相关领域的发展方向。

二、教学手段与方法

（一）教学内容与日常生活相结合

"功能无机材料"课程中所讲授的内容实际上与日常生活中的一些材料结合十分紧密。在对功能材料进行介绍时，若只进行抽象的讲解，对于本课程的初学者来说，或许很难真正接受，会感觉很多功能材料与自己无关。然而，如果在本课程的课堂教学中，教师适时联系到我们周围所接触到的一些材料进行讲解，强调新型功能材料在现代生活中的重要应用以及产生的巨大作用，不仅可以激发学生对本课程的学习兴趣，提高他们运用知识和解决问题的能力，而且能让学生了解到最新的研究成果，并且能够加深学生对知识点的印象以及理解程度。

比如介绍磁性材料时，将现在的磁记录材料和过去进行对比，以前的优盘一般只能容纳几十兆容量，而现在同样体积大小的优盘，却往往拥有几十上百千兆的空间，这主要是由于磁性材料的颗粒变小，从而导致磁记录能力得到了大幅度的提高。

　　介绍超导材料时，可以先介绍超导材料的实际应用，如利用超导磁体磁场强、体积小、质量轻的特点，制造超导悬浮列车和超导船；利用超导隧道效应，制造世界上最灵敏的电磁信号探测元件和用于高速运行的计算机元件，而用这种探测器制造的超导量子干涉磁强计可以测量地球磁场几十亿分之一的变化，能测量人的脑髓图和心磁图，还可以探测深水下的潜水艇，放在卫星上可用于矿产资源普查。通过对此类高新技术的介绍，激发学生的求知欲，从而引出材料的设计思路和原理。

　　此外，还可以举例说明生活中常见材料的不足之处，充分发挥学生的主观能动性和想象力，提出解决此类材料不足之处的方法以及设计新型功能材料的设想，为介绍新材料铺垫基础。这样，学生的学习兴趣会大大提高，教学效果也会明显得到改善。

　　（二）传统板书与多媒体相结合

　　多媒体教学是指应用计算机并借助于预先制作的教学课件来开展的教学活动。与传统板书教学相比，它具有课堂容量大、形象生动、易于突出教学重点和难点等优点。材料类专业课程采用多媒体教学方式可以使抽象的教学内容更加生动形象，同时，讲课内容也将有所增加，对重点难点更容易突出。

　　"功能无机材料"课程中向学生讲授纳米二氧化钛的光催化氧化机理时，使用多媒体教学更易将价带、导带、禁带等概念区分开来，结合动画演示，可以将抽象的过程如价带上电子的跃迁等行为具体化，使学生更易理解、掌握相关概念。再比如，在讲解半导体材料这一章中的掺杂半导体时，我们可以利用动画的方式形象地表达出 P 型半导体、N 型半导体、P－N 结的形成过程。当然，我们在讲课过程中，也不能过分依赖于多媒体教学，对于一些复杂公式和理论的推导，我们还要进行板书。毕竟，理工科类的授课内容还需要严密的逻辑推理，这样才能使学生更加深刻地认识一些科学现象的本质原理。在教学过程中，教师一定要从本课程的实际出发，从学生的实际情况及个性特征出发，寻找两种方法的切入点，注意两种不同教学手段间的切换。

（三）科研进展与基础知识相结合

一直以来功能材料是材料科学与工程领域最为活跃的部分，功能材料层出不穷，不断有新的研究成果被报道，因此"功能无机材料"是一门发展非常迅速的学科，教材的更新速度远远跟不上材料的发展速度。因此，在本课程的课堂教学中，教师应根据学生的实际情况，将一些有代表性的、有重要应用价值的研究成果补充到教学内容中，让学生在第一时间了解新型功能材料的研究动态及进展，不但能大大提高学生对该门课程的学习兴趣，而且也能开阔学生的视野，拓展学生的思路。

例如，在讲授形状记忆材料时，可以详细介绍中国石油大学（北京）崔立山老师课题组 2013 年在 Science 上发表的文章，将形状记忆合金复合材料的进展融入课堂教学中。崔立山老师课题组在多年研究形状记忆合金复合材料的基础上，利用传统的冷拔工艺，获得了纳米 Nb 线强化的 TiNi 基形状记忆合金，该合金具有优异的弹性应变、较低的弹性模量和良好的生物相容性。

（四）学生讲授与教师总结相结合

"功能无机材料"课程是为我校应用化学专业大四学生开设的，该年级的学生已经具备了材料科学相关知识的基础，且已经学习了"科技文献检索"这一专业课，具有较强的自学能力，能够通过检索、阅读文献将当前出现的研究热点或自己感兴趣的科研方向进行总结，因此，教师可以将学生分成小组，每一小组确定一个功能材料方面的专题，通过查找、阅读文献，对专题内容进行总结，并制作演示文稿，然后小组选出一人在课堂上为其他同学做报告。每一组的报告结束后，其他同学以及教师有几分钟的时间可以自由提问。所有报告结束后，教师再对每一组的内容、演讲过程等进行总结和补充。这种教学方式不但锻炼了学生检索、阅读、加工、总结文献信息的能力，还能有效加深学生对相关知识的理解，提高学生对信息的表述能力。此外，学生通过自己的努力了解了某一科研领域的最新动态和国际前沿，并讲述给他人，得到了同学和教师的肯定，不但能够极大地激发他们的学习兴趣，还能增加他们的自信心。不仅如此，学生积极参与到课堂上来的这种教学方式，有利于学生解开思维定式、条条框框的枷锁，为学生提供了培养协作能力和创新意识的机会，最终能够使学生真正得到专业素养的训练。

总之，要想上好"功能无机材料"这门课程，教师需要不断补充、更新知识，提高自身知识水平，准确把握功能材料领域的前沿内容。同时，还要不断分析、研究所授课的学生特点和课程性质，并将这两方面结合，找到最适合学生的授课方式。运用合适的授课方法，组织好教学内容，才能实现良好的教学效果。

参考文献

［1］杨华明. 无机功能材料［M］. 北京：化学工业出版社，2007：1—2.

［2］王琳，李成威，陈书文，金辉. 功能材料概论课程教学改革［J］. 中国冶金教育，2015（2）：23—25.

［3］雷文，杨涛. 多媒体在高分子教学中的应用［J］. 广州化工，2008，37（6）：214—217.

［4］刘力菱，晏传鹏，邱慧. 应用多媒体技术提高材料学科课程教学质量的有益尝试［J］. 西南民族大学学报（自然科学版），2005，31（3）：484—486.

［5］李娟，张永兴，刘忠良，刘亲壮，朱光平，代凯，李兵.《功能材料概论》课程教学内容和方法的思考［J］. 淮北职业技术学院学报，2014，13（5）：54—56.

微课在高校课堂教学中的探索与实践

刘 畅 赵 凡①

摘 要： 传统高校教学方式为教师传授某单一类别专业知识，学生的参与感弱，难以把知识融会贯通，应用到实践环节。结合互联网驱动下产生的微课，可以增加课内外互动过程，因材施教，利用课堂中不可忽视的碎片化时间进行教学引导和学习管理，不仅可能带来教学方式的转变，而且教师的教学策略、教学设计，在教学中所担当的角色也会发生改变，是探索专业理论和实践相结合的最优方式。

关键字： 教学；微课；碎片化管理

微课是以视频为主要载体，记录教师围绕某个"知识点"的教学环节，是时间大概为 5～10 分钟的用于课堂教学中的一种教学辅助形式。并不是知识的浓缩，也不是知识的某一章节，而是阐明一个独立的问题，模拟一对一的教学情景，区别于一对多注重教师教的课堂教学，类似于一对一辅导注重学生学习。微课根据其内容和表现形式呈现多样化，大概可以分为四大类，第一类：以语言传递信息的讲授类、问答类、访谈类以及讨论类。第二类：以实践操作为主的演示类、练习类和实践类。其中需要多角度展示细节，需要辅助一些画中画的技术以及字幕文字配合进一步描述。第三类：以欣赏观摩为主的表演类、示范类。第四类：以引导探究为主的自主学习类、合作学习类、探究学习类。为增强其学习后的互动性和参与感，需要对全体学生进行 8～10 人一组的分组，设计一些知识反馈的问题以提高学习效率。

---

① 刘畅，天津商业大学设计学院副教授，研究方向为人机工程学设计。赵凡，天津商业大学设计学院副教授，研究方向为工业设计、空间设计和公共艺术。

　　作者在高校中讲授的是面向理科生的工业设计专业课程，是一门前期需要掌握大量枯燥数据，后期实践性又很强的综合性课程，同时需要兼具艺术审美素养和理性分析的特点，在以往的教学中，出现的问题很多。解决问题的关键是行为，讲课的过程就是经过知识的传授，引导学生做出教师希望的行为。通过制作微课的选题、教学方案等方面的思考，观察分析学生的反馈行为，通过互动的方式，加强沟通和鼓励认可正确的行为，对自己在课程设计和教学实践中有重要的引导作用。

一、合理管理碎片化的时间学习和互动

　　本文中的碎片化是指课堂中的碎片化的时间，即 45 分钟里学生可以高度集中精力学习的以外的碎片化时间，"微课"的时长一般为 5 至 8 分钟左右，最长不宜超过 10 分钟，其核心组成内容是课堂课例片段，同时还包含与该教学主题相关的教学设计、素材课件、教学反思、练习测试及学生反馈、教师点评等辅助性教学资源。

　　在教师讲课的过程中，每节课都需要经过精心设计课堂结构和知识体系逻辑递进的节奏，适当利用丰富多样的授课方法，不仅可以提高学生的学习效率，而且有利于整合阶段性的知识点。虽然辅助教学的视频资料很多，但是不能全篇使用视频替代传统讲课，课堂中需要有和学生互动的过程，适时插入微课，再提出问题和学生进行讨论是一种比较有效的消化和吸收知识的方式。例如，解释人机工程学课程中人体测量数据的"百分位数"概念，可以通过对比"平均值""加权平均值"进行直观的动画图形分析和对比，再利用为什么儿童安全座椅可调和课堂座椅不可调等实例对比，解释设计中哪些情况分别要参考百分位数的低限值、高限值以及平均限值，更加通俗易懂。在有限的时间里讲清楚一个问题，利用剩余的课堂互动时间，与学生讨论，提高学习效率。

　　因此，微课既有别于传统单一资源类型，又是在其基础上继承和发展起来的一种新型教学资源。

二、选题是贯穿整体知识环节中关键的点

　　教师知道他所讲的每一个知识点、每一个细节的意义，知道每一个零件在整部机器上的位置和作用，但学生并不知道，因此微课的选题是微课制作最关键的一环。良好的选题是决定微课好坏的决定性因素，可以帮助学生把碎片化的知识串联，整理起来，让他们知道自己的回答是对还是错的原因和意义，知道甲问题与乙问题的关联，知道下一个问题会是什么，知道为什么要回答这些问题，知道每一个问题零件在整部机器上的位置、功能。

　　其一，一节微课一般讲授一个知识点，对于这个知识点的选择，关乎知识结构的设计，一般选用教学中的重点难点用来制作微课。其二，需要有专业研究，有新鲜的故事。比如大学英语基础课程的微课，结合当时热点国际事件 CNN 的马航报道，讲述如何在英文阅读中联系上下文猜生词，既符合教学大纲的学习计划，又能满足学生参加四六级考试中的阅读理解的实际学习需求；还有法学专业相关的以买卖二手房讲述税法的问题，均为贴近实际、容易引起共鸣的选题。这些选题充分体现了深入浅出，启发性强，解决一个主要问题的课堂目标。

　　一些设计史论类课程的讲授过程，以往会比较枯燥无聊，学生很难记住大量的设计风格和设计特点，对于时间的记忆就更是难上加难。其实，设计的风格是反复出现并循环发展的，在现实生活中会有大量的经典设计存在，因此结合现实中的场景、故事或者展览，理解历史上的经典设计更加引人入胜，有利于加强理解和记忆。例如，可以提出的问题类似："为什么专卖店都爱巴塞罗那椅？——谈德国设计师密斯设计风格。"以现实商店卖场中休息区大量使用的巴塞罗那椅为切入点，理解 20 世纪初德国的现代主义风格兴起的背景、发展过程和设计特点，进一步了解现代工业材料特点和加工方式等，理解少即是多的设计理念。同时适当留一些扩展的问题进行知识的串联和延伸思考，如横向思考可结合设计几何学"巴塞罗那椅中的黄金分割比例分析"。还可结合人机工程学的知识进行"巴塞罗那椅中的人体尺寸分析"等，此时，这个主题就不仅仅包括的是历史知识，还包含了史实研究、地

缘政治、人物传记、地理变迁、人机工程学、数学、数据分析等内容，与单纯地把名称和年代从史论书籍里背下来相比，这段分析的过程强调提高学生的综合能力。因此把关键知识点作为微课制作的主题，使专业知识相互联系，不断扩充，形成知识的资源网，是非常重要的一环。

目前我国的教育方式以碎片化的教育内容为主，无论处于中小学还是高等教育，课程体系大部分独立存在，单独讲授一个专业点的知识。以工业设计专业学生为例，他们从大一到大三的专业课是：造型设计基础、色彩设计基础、现代设计简史、工程力学、机械设计基础、人机工程学等，学生在设计和分析一个设计对象的过程中，融会贯通所学的理论知识需要一定的时间积累和独立思考的能力。因此，无论是整体的课程结构前后衔接设计，部分的课程教学大纲修订，还是碎片化的微课选题，都应该强调单独的知识点在整体中的作用，重视其知识结构的综合性和启发性。

三、微课的教学方案需要精心设计和导入

作为课堂的一种辅助手段，课下的知识补充，微课的内容很多情况下需要学生利用碎片时间进行知识的巩固和复习，课下回看和检索，在课堂中也应有指导、反馈评估等其他辅助手段。如果流于课堂传统教案的思维去单方面阐述内容，学生难以坚持学习。

教学有法，但无定法。同一个教学内容，不同教师有不同的教学方法。微课注重以实用为导向，能切合实际地帮助教学环节起到良好导入的作用。课堂中教师选用微课的时间比较微妙，一般选取处于学生高度集中后的一段相对放松的阶段，所以，在导入方法的选择、微课内容的设计在吸引学生对教学内容关注之时，能潜移默化地融入教学重难点的铺陈或导入，确保能够有效开展课堂教学。

常见的在微课中进行课堂导入的方法有：①情景导入；②旧知导入；③问题导入；④实验导入；⑤事例导入：利用常见、经典的事例来导入课堂，通过对案例的分析、对比、总结，来使学生达到触类旁通的效果；⑥经验导入：利用学生已有的生活经验和素材进行课堂导

入，加深学生理解。

对于设计专业的学生，在学习中经常出现的情况是似懂非懂的状态，即知道某种设计是好的方案，但是一时对到底好在哪方面毫无头绪，因此，为了使设计理论方面的知识达到触类旁通的效果，此类的导入适合利用事例和问题式的开头进行导入，设计渐入的内容，给学生留有一定的思考和学习的空间。例如：①农夫山泉和娃哈哈的矿泉水瓶你更喜欢哪个？②瓶身直线型和瓶身流线型哪个更好用？③瓶口大和瓶口小哪个喝水更方便？通过瓶型的设计和对比探讨人机工程学中人体抓握舒适尺寸在设计中的应用，进一步讨论大瓶口对于市场营销份额提高的重要性。通过围绕案例的综合性的知识点的讨论和展开，横向结合消费者心理学和设计管理的知识内容，从易到难引导学生，让他们通过递进的方式，透过事物表面看到本质的过程，是一种积极有效的方法。

在设计微课的过程中，我们可以多种方法结合使用，对于不同的教材和教学内容，应采用不同的课堂导入方式。紧扣课程标准和教材，结合学科特点、教学内容以及学习者特点来构思，选取最合适的导入方法"取长补短"，有效合理地运用多种方法和技巧，全方位地调动学生的学习热情。

四、结语

传统教育面临互联网科技的冲击，从教材到教学模式再到教学产品的研发，都处在互联网化的进程中。iiMedia Research（艾媒咨询）数据显示，2015年中国移动教育用户规模达到2.49亿人，预计到2017年将达到3.94亿人。

网络的快速发展使人类的知识传授模式和载体发生了改变，从现实空间课堂走进移动网络空间课堂。微课作为更适应于网络特点的知识传授方式，改变的是知识传授形式和载体，而不变的是教学的核心授课的设计。不仅仅对于微课，作者对于其他各种能够促进学生学习积极性的教学方法都受到了不同程度的启发，如微课教材、翻转课堂、实地实践教学方式等。要充分发挥微课传授知识的最大优势，就要跳出现实空间授课概念的束缚。利用碎片化的时间和便利的互联网资源，普及高等教育知识精华点，提高全民素质，是未来教育的发展趋势。

参考文献

　　[1]〔法〕保罗·梅耶.知道做到［M］.广东：广东经济出版社，2008.

　　[2]〔日〕石田淳.带人的技术［M］.北京：北京联合出版公司·后浪出版公司，2014.

　　[3]范文娣，王银君，胡小勇.如何设计"课堂导入型"微课［J］.数字教育，2015（4）：36—38.

　　[4]艾媒咨询.2015—2016年中国移动教育市场研究报告［R］，2016.

基于情趣化体验的产品包装设计实践研究[①]

常　瑜[②]

摘　要：为了培养设计类专业学生在产品包装设计方面的创新设计能力，本文以面向用户体验为基本出发点，以情趣化产品包装设计作为学生设计实践，分析和归纳情趣化产品包装设计的核心理念和设计原则，同时分析包装资源的回收与利用，重点研究在新的包装形式、包装材料、包装技术背景下，情趣化产品包装设计如何为消费者带来更好的艺术化、情趣化、多元化、可持续的用户体验，通过学生的饰品类包装创新设计实践验证理论的可行性。

关键词：产品设计；设计实践；情趣化设计；用户体验

在国内，产品的情趣化包装设计开始受到关注，在对设计类专业的教学过程中，应展开产品包装的创新设计，国内各大高等院校和设计院校已经逐步开展对此领域的相关应用和研究。本文所涉及的教学实践将基于对国外优秀案例的分享和借鉴，通过对情趣化包装设计相关资料的收集整理，结合用户体验的情趣化需求，开展设计类专业在产品包装设计方面的实践活动。

一、情趣化产品包装设计基本理论

（一）情趣化产品包装设计概念

从实际上看，商品包装的趣味化设计早已成为设计表达的重要方

---

① 天津市教育科学规划课题（HEYP5006）；天津市科技特派员资助项目（16JCTPJC49100）；天津商业大学本科教育教学改革项目（TJCUYB201473）。

② 常瑜，天津商业大学设计学院讲师，研究方向为产品设计、服务设计。

式。情趣，指志趣，志向或情调趣味。高雅情趣是健康、科学、文明、向上的情趣。它符合现代科学和文明的要求，也符合社会道德和法律的要求。它体现了一个人对美好生活的追求、乐观的生活态度和健康的心理。情趣是指情感中较为积极的一面，就如同一个人具有幽默和谐的性格。产品包装的情趣化设计，即是通过产品包装的设计来表现某种特定的情趣，使产品富有情感色彩，体现出人文关怀。包装的基本功能是对商品的保护，在商品经济的发展中逐渐形成了外表包装对商品的一种体现。消费过程中最大的意愿和动力便是"获利"，因此在包装传达情感或信息时，包装的结构和装潢就成了消费者的"推销员"，促进产品的销售。基于用户体验的情趣化产品包装设计，是将某种特定的情感需求通过包装形式表现出来的一种过程，是赋予产品包装的情感色彩的方法，是消费者与产品包装的一种对话工具，使消费者从中得到前所未有的体验和提高对产品的认可度、满意度。

（二）情趣化产品包装设计表现类型

1. 在造型上进行创意

包装与产品类似，设计过程也涉及造型、色彩、材质等各个方面，其中造型是包装设计必不可少的环节，通过对包装造型进行设计的优秀案例举不胜举，使包装造型与图形创意结合的形式形成创意，既方便携带，又给人在视觉上带来美的享受。

2. 在视觉要素的形式上进行创意表现

视觉要素的设计会给人带来与众不同的感觉，尤其通过图形设计，使其打破传统图形带来的机械、呆板的感觉，使其符合产品的全新理念，贴合设计感。

3. 交互设计

情趣化包装设计除了在外形和图形体现情趣化外，让消费者参与到包装设计中，和产品包装产生一种互动的关系，使消费者在使用过程中感受到全新的体验，这种面向用户体验的交互式设计是通过包装材料与包装方式的实施，使产品和消费者产生一种更加密切的联系。

（三）情趣化产品包装设计原则

1. 符合市场和销售需求

包装设计是一门综合性很强的艺术设计学科，它既有视觉传达语言中的造型、结构、图形、文字、编排等内容，有涉及材料、印刷、工艺等技术环节，还应该结合消费心理学、市场营销学、技术美学等学科内容，在进行包装设计过程时必须与消费者心理、市场需求、包装工艺等联系起来，最终的包装设计在保护商品的同时还兼具促进销售的功能，不能仅仅考虑情趣化设计而设计，而失去原本必要的包装元素。

2. 兼顾触觉与视觉美感

在消费者面对一款并不了解的产品时，产品包装的造型、色彩、文字、图形等都会成为消费者的选择依据，独特的外观和视觉冲击力对于商品的销售是尤为重要的，当消费者对商品的外观包装产生兴趣时，随后就会触摸商品，此时包装的触觉感显得尤为重要，越是优秀的包装设计越擅长兼顾外观造型和视觉、触觉美感。视觉冲击力和舒适的触觉感会大大增加消费者的消费欲望。

3. 便利性和人性化

便利性和人性化是包装设计中至关重要的设计原则，优秀的商品包装盒设计应该是能够给人们带来便利且充满人文关怀。其便利性和人性化体现在生产、运输、代理、销售以及消费者使用等环节。

4. 绿色环保

绿色环保是当今社会的主题，人们在购买商品过程中会产生大量的包装垃圾，由于包装的特殊性通常只使用一次就会被丢弃，由于大多数包装的材料含不可降解的有毒物质，严重破坏了自然环境，因此更多的设计师在设计时会选择绿色环保的材质和能重复使用的包装，会考虑包装被使用过后的用途和归宿。在绿色环保的生活理念里设计师对消费者起到引导和引领的作用，设计师设计更多的绿色环保的包装逐渐引领消费者形成绿色理念，减少包装在设计、生产、销售、使用过后对环境的污染。

二、情趣化产品包装设计与用户体验

（一）用户体验的概念

用户体验通俗来讲就是"这个东西好不好用，用起来方不方便"，因此，用户体验是主观的。人们对同一种事物会有不同的感觉，且注重实际应用时产生的效果，包装设计的情趣化应建立在对消费市场和消费群体非物质需求状况有充分研究的基础上，再大胆地运用艺术的语汇，发挥艺术的趣味表达能量，充分考虑"设计是为人而不是物"。

（二）用户体验在包装设计中的重要性

1. 促进用户与包装产品的良好沟通

从用户体验出发的包装设计应用了情趣化包装设计的便利性原则。充分研究、考虑用户在使用前和使用后的体验和感受，把用户体验的数据带到设计的各环节，设计出来的产品包装面向市场后为用户与产品的交互沟通搭建出一个良好的平台。面向用户体验的产品包装设计不仅仅研究包装与产品的关系，还改善了产品包装与用户之间的关系，达成类似人与人之间的可以进行信息沟通交流的关系。

2. 增加产品自身价值和品牌辨识度

用户与产品包装进行互动和交流，人们可以从中获取全新的情趣体验和心理满足，在一定程度上提高了使用者的回头率，产品包装的用户体验的好坏直接影响了产品的品牌和企业的收益。用户和产品包装的第一次接触，相当于产品给人留下的第一印象，所以好的包装设计首先要考虑用户体验，符合"设计是为人而不是物"的本质，也满足当今市场情感消费与日俱增的客观需要。因此，良好的用户体验可以增加产品本身价值和品牌辨识度，也是商家提升销量增加收益的法宝之一。

3. 促进包装材料的循环再利用

面对生态环境的破坏，大量被使用后的包装垃圾很多是不能回收利用和处理的材料，给自然环境带来很大的危害和污染，面对这些污染难题，越来越多的设计师不再是单纯为了刺激消费者的购买欲而过度地包装，忽略产品包装使用后的用途和结果，而是将好的用户体验持续到包装被使用后的环节，设计师将包装的循环再利用作为提高用户体验的途径并满足用户对于废弃包装材料的再利用需求，包装本身也成了具有使用价值的产品的一部分，而不再被轻易丢弃。

三、学生设计实践

（一）"插画"木质耳钉、胸针系列包装

本系列包装是针对木艺手作的饰品进行情趣化包装设计的，结合木质饰品自身的趣味性，综合了插画、写意中国画等元素，本产品包装不再是具备简单的包装功能，更是产品的一部分，产品与包装组合成一幅有趣的装饰画，既方便收纳，又富有情趣。本包装在衬托产品的同时，也带给用户更多的情趣化体验，如图1所示学生作品1有两款饰品包装，左边的是带耳钉的少女，在剪影少女的耳垂上正好有一枚木质耳钉，趣味性很强，右边的是小鸟造型的胸针，不佩戴时把它放置在芦苇画框里。

图1　学生作品1

本系列包装基本符合情趣化包装设计的基本原则，把木制饰品自身的情趣化结合插画、写意中国画，用户可以根据自己的创意想法进行包装，为用户带来一种耳目一新的体验，这种包装形式增加了产品的附加值也提高了品牌的辨识度。在包装被消费者使用后不再是简单地强人所难作为"他用"，而是真正意义上的做到了包装是产品的一部分，这种包装方式更加完美地衬托了产品的情趣化。

（二）"枯山水"系列戒指包装

如图 2 所示学生作品 2，连绵山峰的造型戒指盒放置在白沙上，戒指犹如山峰中的宝藏，目能视物，山即山，水即水。

如图 3 所示学生作品 3，顽石造型的戒指盒包装，躺在细沙上，如同沙漠之中的海市蜃楼，旅途人心中所见，并非眼前之景，山非山，水非水。

如图 4 和图 5 所示学生作品 4 和 5，山峦绵延，白沙奔流。把戒指放在戒指托上，空旷苍劲的山水姿态。这种极端的简约与抽象的写意方式表现了禅宗"自解自悟""不着文字"的哲学内涵。

图2　学生作品2

图3　学生作品3

图4　学生作品4

图5　学生作品5

（三）学生实践总结

（1）在包装方式上，打破传统市场对饰品的包装方式，传统的饰品包装大多都是放置在精美的各种材质的盒子里，消费者必须打开盒子才能看到饰品的样貌，而"插画"木质耳钉、胸针系列包装方式是把饰品放置在符合饰品本身的插画相框里，与相框里的画进行互动，消费者第一眼就能看见饰品的样貌。

（2）在视觉与触觉要素上，木质饰品和画组成一幅幅生动有趣的画面，给消费者带来全新的视觉盛宴。

（3）在交互上，"枯山水"系列戒指包装和"插画"系列包装两款包装设计，包装在被使用后都可以让消费者根据自己的创意想法进行交互，都可以起到装饰环境的作用，为用户带来耳目一新的体验。

（4）绿色环保，循环使用，包装材质使用的是木头，而且大部分是家具厂的边角料，属于废物利用，这两款产品包装不仅具备简单的包装功能，更是产品的一部分，在包装被消费者使用后不再是简单地强人所难作为"他用"，而是真正意义上的做到了包装是产品的一部分，包装在被使用后都可以让消费者根据自己的创意想法进行交互，可以起到装饰环境的作用，重复使用减少了对环境的污染。

参考文献

［1］孟祥斌. 包装设计的基本问题研究［J］. 包装工程，2012，33（14）.

［2］汪德宁. 日常生活如何审美化?由鲍德里亚的"超美学"看"日常生活审美化"之争［J］. 合肥师范学院学报，2011（2）.

［3］孟祥斌. 包装形态设计的借物喻情［J］. 包装工程，2015，36（16）.

［4］王琳. 包装色彩的鲜艳度及其在商品营销中的作用［J］. 包装工程，2012，33（14）：30.

浅析"项目化"教学体系在室内设计中的构建与应用

孔　帅[①]

摘　要: 室内设计是一门应用性极强的专业,培养出与市场接轨的设计人才已成为其教学的重要目的。本文从传统的室内设计教学所存在的问题入手,结合"项目化"教学体系在室内设计课程中的应用,分析其在教学课程、教学方法、教学考核中加强理论知识与专业实践融合度的优势,从而更好地提升学生的专业竞争力,为国家培育出满足社会需求的设计应用型人才。

关键词: 室内设计专业;项目化教学;教学方法;人才培养

一、室内设计课程教学模式的现状及问题

现如今,上千所拥有设计专业的高校遍布华夏大地,年招生量高达数十万。设计专业俨然成为近年来最热门的专业之一。但是,中国的设计教育发展身处经济高速发展与转型的社会背景之下,经历了多年的野蛮生长,却仍旧处于初级阶段,尚未成型。纵观以实用性、综合性与系统性见长的室内设计教育,众多教育者从美术、建筑、林业、工科各类院校衍生而出,在教学过程中却依然强调以艺术技法的传授为核心的教学体系,忽视其与当下产业需求的不适。不适之处如下,首先,课堂教学模式僵硬,仅对学生进行填鸭式的理论知识灌输,重目的,轻过程,教学过程缺乏互动,课堂氛围无聊乏味,这样机械性

[①] 孔帅,天津商业大学设计学院助教,研究方向为环境设计。

的学习专业技能，既压制了学生个人兴趣与灵性，也难以培养学生的实践能力，其专业领域的视野更无法得到提升，同时也会影响到教师讲课的积极性，可谓"两败俱伤"。其次，课程之间缺乏交叉互融性，尤其缺乏对市场需求、前期调研和设计理念等思维性与技术性课程的建立与讲解，导致专业课程难以与实践要求紧密衔接，使学生在学习过程中出现断层，难以学有所用，课程学习与真实市场的矛盾由此产生。最后，课程的成绩标准与评价方式过于单一，授课教师主观性评价较强，易打击学生的学习主动性与积极性。同时，授课教师忽略设计过程的评价，光凭相关考试实在难以将成绩标准与就业能力相接轨，其结果在很大程度上使得课程变为应试学习，导致学生学习充满功利性，投教师之"所好"，缺乏独立思想，专业特色明显削弱，学生学完即忘，对专业认识片面，难以客观地反映学生对专业知识的理解程度以及灵活运用的能力。市场对设计人才的需求是全方位、多层次的，而当下的设计人才培养方式与社会产业需求终端之间存在错位，导致多数学生在设计思维、专业实践、产业需求之间难以衔接，长时间饱受室内设计教育过渡期的迷茫、孤立之痛。长此以往，将极大地阻碍室内设计类专业的健康有序发展。此时此刻，"项目化"教学体系的引入更是刻不容缓。

二、"项目化"教学体系的重要意义

"项目化"教学是以学生职业生涯发展为目标，以项目所需为标准来设置课程的新型教学方法。它以课程知识内容项目化为前提，进行课程设计和组织教学，把学科的各部分知识融合在"说、学、做、评"四大系统之中。在项目过程中，学生为主角，教师为配角，改变了以往被动接受教师知识传输的学习方式，能够培养学生自我观察、独立思考、动手实践、团队合作和解决问题的能力，在丰富教学体验的同时，又强化了学生对理论知识、专业技能、团队运作的理解和应用。最终，通过项目"成果"激发学生的学习积极性与责任荣誉感。该教学体系对室内设计专业而言，将有利于培养出知识面宽、综合素质强、具有整体思维能力与时代气息的室内设计人才。

三、"项目化"教学课程的统一构建

近年来，天津商业大学正逐步向应用型大学转型，其设计学院所开办的室内设计专业的教学目标也转变为培养熟知室内设计流程、装修工程技术、具有美学、商学素养且能独立进行设计管理的设计务实人才。因此，教师应选取以建筑学为依托，集功能、艺术、技术为一体的专业化与交叉化项目为基础，将所涉及的知识点归类整合，构建出具有专业特色的课程组块，教授学生设计思维与技能、过程与方法、市场与价值的相关内容，并给予实践训练。

四、"项目化"教学方法的创新实践

教研室近年来在不断参考学习兄弟院校的基础上，结合自身实际，围绕本校特色，根据实际项目所需的技术和能力定制课程项目，使教学活动紧密围绕职业能力的培养，探寻出一系列的"项目化"教学方法，将项目完成所需要的知识、技能、素质，细化出相应的子项目和每一个设计任务，保障了课程教学计划与实际工作过程的一致。学生在完成项目任务的过程中，有针对性地去学习专业知识与技术，发展职业能力，充分感知、体验，获取过程性的知识和经验的方法，使学生在就业时能够缩短磨合适应期，更加快速地融入企业，适应岗位。具体方法可归纳为以下四点。

（一）制定贴近生活的项目选题

从大一至大二的相关课程中，教研室便通过诸多的调研分析类项目，锻炼学生对周边环境的观察能力，期望学生能够在项目之初便具备在生活中发现设计，感悟设计之美的素养。在经过了"设计与生活""环境心理学""空间美学""空间设计赏析"等课程的学习后，笔者发现，学生对与校园生活或是校园周边的室内外空间均有着浓厚兴趣。因此，项目选题的制定必须具有与学生同时代的吸引力和基础性。学生可以从个人兴趣入手，切入项目选题之中，这在无形中增加了教学的互动性和开放性，也激发了学生进行创新思维的动力。例如在"室内专题设计"课程中，我们根据院系的实际需求，把校园内的一座老旧厂房改造为用于日常教学、学术交流、成果展览、课后学习的文创场所，这类空间既与校园生活相关又是学生熟悉的场所，将有利于学生的思维尽快进入自己所了解的范畴进行创新与后续工作。

（二）营造团队竞争的课堂氛围

该项目课题在实施前，采用课堂模拟岗位教学，将学生分成若干设计小组，每组成员都有着相应的设计角色，各司其职，紧密沟通，形成一个较为完整的团队，模拟一个设计企业的运行。学生需在课堂上完成包括项目介绍、案例剖析、设计流程安排、设计评判等多个环节，在各组彼此竞争，组员相互协作的过程中，学生能够通过交流讨论、补充修正、加深对各类问题的理解，通过教师、企业设计人员、业主从多维度的点评，使得学生认识到自我能力的强弱，对企业中不同岗位的能力要求有切身感受，从而更好地明确学习目标和发展方向。

（三）构建项目引导的设计流程

在经过确定项目选题以及团队成员之后，教师可引领学生到相关项目案例的实地着手调研考察，对现有成功案例的背景环境进行市场分析。在此过程中，学生可结合自身的创意点，将所剖析的项目与即将实施的项目进行各方面的比较。例如，学生对地处天津市的腾讯众创空间、大悦城五号车库等企业性质，南开大学、天津科技大学、天津理工大学等高校性质的众创空间均进行了参观学习，并与设计方、使用者进行交流，进而对该项目的设计手法与规范、项目要领与流程、用户体验与反馈等方面进行意向阐述。在随后的专业实践中，学生将对所学的知识类、技术类课程进行再巩固与再运用，教师也可根据实际情形进行更好地补充，这样学生便对真实案例的空间体量、设计形态、材料搭配、氛围营造等各个方面都有了更为直观的认识，自发性地将课堂所学的理论知识用于实践，了解到在项目运营的过程中，设计理论、专业技术与沟通表达在不同阶段的重要性。

（四）提供真实项目的训练场所

在项目进行之初，院系便对金工厂进行了简单改建，期望打造成以企业工作制为主体的仿真场所。项目参与者将在此基础上，按照企业的真实环境进行空间营造，通过重新布局，创造出近 300 平方米的校园教学与众创的场所，细致划分空间功能，设立教师工作室、校企合作办公区、研讨区、学生开放工作区、工艺实验区、接待区等区域，把校园室内空间变成公司场所，使学生在项目实地学习、训练的同时，通过与真实业主（院系）建立沟通机制，学会平衡设计者与业主之间的偏好与矛盾，最直接地感受公司氛围、建立职业素养。此外，在该项目的设计实践中，教学不仅能够为学生带来专业技能性的训练，也能够让学生设身处地地通过对项目所处空间、周边事物的观察，在实体触摸、模型建构、图纸绘制、材料匹配等设计流程中，了解到主题文化的形成、设计思路的延展、空间与色彩的构成规律、施工工艺以及项目运营的管理，企业事务的协调与执行等方面的知识。最终，学生在上述训练氛围下所创作出的设计方案将更好地满足社会需求，摆脱纯形式化的艺术语言表达，使其更加关注实际问题的解决方法。

五、"项目化"教学考核的多元评价

"项目化"教学考核的首要目的便是摆脱单一、主观、片面的评价体系，重塑一个科学理性的考核评价机制。其内容将着重于学生综合素质的考量，由单纯检验知识掌握程度向检验创新意识、设计思维能力、工作流程把控度等方面转变。评价方采用过程监控的考核方式，对学生进行全方位的评判，建立具有专业特色的综合评价机制。首先，可通过答辩形式，剖析学生在答辩过程中的表述，较为准确与全面地了解学生对知识点的掌握情况，从而引导学生扬长避短，查漏补缺，激发其自我学习与评判的能力，帮其更好地掌握专业技能。其次，还可通过专业指导教师、企业人员、学生群体、客户代表等对作品多方位的评价进行考核，对优秀作品予以评奖。最后，对学生的先修课程与后续课程的衔接程度进行考核，通过项目流程，反复强化专业课程之间的所学内容，全面评价学生学习的自发性、过程性，力图使最终成绩体现出客观性与实用性。

参考文献

［1］李冰. 浅议中国当代艺术设计教育现状［J］. 中国科教创新导刊，2009（17）.

［2］薛颖. 台湾（地区）室内设计课程特色研究［J］. 华中建筑，2015（4）.

［3］曹磊，赵婧.“项目引领，任务驱动”的教学模式改革探索——以环境艺术设计专业创新型人才培养为例［J］. 长春教育学院学报，2011（6）.

［4］夏军. 独立学院学生课程成绩评价研究——以浙江师范大学行知学院为例［D］. 浙江师范大学，2011.

［5］张福堂. 专业教学标准与国家职业标准对接分析［J］. 职教通讯，2012（34）.

"设计与科技"课程双语教学研究探讨

刘恒丽[①]

摘　要："设计与科技"是工业设计专业的双语型教学专业课。它以基础英语知识为前提，旨在学习和了解国内外工业设计专业的发展和前沿知识，达到熟练阅读外文文献水平的目的。而目前我国大多数高校的工业设计专业中大都以基础英语来代替这门课，甚至因双语教学存在困难而没有开设，使得学生知识结构不完善。因此，本文指出了开设"设计与科技"双语型教学课程的重要性，并结合教学体会进行探讨，从而总结出比较切实可行的适合本专业的教学内容和教学方法。

关键词：设计与科技；双语教学；工业设计

一、教学内容

（一）结合专业，选择性教学

目前我国的工业设计专业主要设于工科的机械学院和文科的艺术或设计类学院，前者依托制造技术，具有较强的科学性与现实性；后者依靠丰厚的人文知识与艺术精神能量，富有挑战性和创造力。并且现在工科院校招生有艺术类文科学生和理工类理科学生或文理兼收三种模式。基于此，部分高校在专业基础上分别开设不同的方向，比如：偏重艺术的造型方向和偏重工科的工程方向，因此"设计与科技"这门课程的教学内容就需要根据不同的方向有所调整。例如，对于造型方向，着重讲解偏重艺术造型和色彩等方面的内容，有"Color Value

---

① 刘恒丽，天津商业大学设计学院讲师，研究方向为产品结构设计。

and Hue""Form""Style""Attractiveness and product style""Visual perception of product styling"等。对于工程方向，着重讲解偏重产品设计的内容，有"Aibo Robot Dog""iBook""The mobile office"等。当然还有两个专业方向都需要学习的基础设计理论，有"Design specification""Universal design""The principles of creativity"等。并且为了让学生更易理解，结合现代产品实例或者设计公司的产品进行讲解，效果更佳。如"Philips Design's three cases""Alessi""Frog Design Company"等。

（二）时事内容，及时更新

"设计与科技"作为专业双语型教学课程，肩负着传递国外设计类信息的重任，使学生更多地了解和掌握国外工业设计的发展和前沿知识。因此在教学中，必须要和时事结合起来，及时传达给学生时事性的资料，尤其是国际性专业赛事及获奖产品等专业信息。比如"The Industrial Design Excellence Awards"（IDEA），它是由"Business Week"（《商业周刊》）主办，美国工业设计师协会作为评审的年度产品设计大赛，一直是全球企业竞争并且显示自己实力的舞台，每年都会评出最佳产品设计奖，总结获奖产品特点与分布地区。对于工业设计专业的学生来说，它提供了一个设计趋势和设计走向的信息，因此必须每年都把最新的比赛结果和获奖情况及时提供给学生，以使其能获得最新的设计前沿信息。

二、教学方法

（一）基于基础英语的能力，提升到专业英语高度

"设计与科技"课程开设在第七学期，大部分同学基础英语水平滑坡，词汇、语法和句型等知识储备欠缺，因此在讲解专业词汇的同时，必须温习一些重要常用的单词、词组和句型；甚至采用讲故事的方式帮助同学们记忆，以此来重新达到先前基础英语的水平；此外采用图片、视频等方法扩展内容，使同学们有直观地感受，更便于理解并形成深刻记忆，从而提升专业英语的水平和能力，例如，教材中针对"老海军"旗舰店的描述为"A second example is Old Navy designs its stores using a warehouse- meets-playground motif, combining industrial casters and pipe racks to reinforce the perception of value and fun in a simple shopping experience",为了帮助同学们理解文中提到的购物体验、非物质主义设计的含义,采用图片辅助文字说明,更为直观。

（二）补充课外资料,开阔视野

本课程的教学目的就是使学生能够了解和掌握国内外前沿的设计信息,提高专业素养。如果只是讲授教材中的内容有些局限,因此,需要搜集和补充一些课外资料,帮助学生更好地理解,并且扩充其知识面。比如说,选择不同教材,从中挑选一些实用性强的文章,例如,《中英双语工业设计》等;利用网络,搜集国外一些设计公司的产品设计资料;查阅国外的期刊,作为课外资料供学生阅读等。不同的文章,具有不同的主题思想,传递了不同方面的设计信息,覆盖面更广,开阔学生视野,为专业能力的提高打下基础。

（三）增强互动,利于知识吸收

教学本身就是一种互动的活动,它的核心就是"教"与"学"。它需要教师认真教和学生认真学,才能达到最好的效果,两者缺一不可。但是,传统的方法一般都是以教师为教学的主体,学生只是被动接受,这样势必会造成填鸭式教学,学生厌学思想严重,更不用说获取知识了。尤其是这门课程,学习英语的方法之一就是多说多练,鉴于此,在教学中采取了适当以"学生为主题"的教学方式,即让学生充当教师的角色,要求每名学生选择不同的主题内容,搜集资料,在课堂上用英语进行讲解。除此之外,要求同学做课前十分钟的展示,形式和内容不限,可以是表演小品,朗诵诗歌或者讲故事。从结果看,实施的效果很好,每名学生都有自我表达的机会,并且从中得到了锻炼;甚至从切身行动中体会到了教师的辛苦,增加了师生间的互相理解。更重要的是,由于每位同学搜集的资料内容不同,使得其他同学都能最大限度地获取更多的信息和知识,与固定的单一教师本身所传授的知识相比,扩充了知识范围,并且还调动了大家的积极性,提高了兴趣;此外,同学做完展示,教师以专业角度用双语进行点评,使同学们有针对性地去理解,有助于知识的吸收。

三、结论

工业设计专业是一个跨学科、综合类专业，它涉及计算机、机械、艺术、电子通信、管理等专业。因此，对于该专业学生的培养需要较广的知识范围和比较完整的知识体系，并且需要具有创新和前沿专业知识的人才培养方案。"设计与科技"作为其中一门课程，结合该课程的特点，需要搜集和讲授不同方面的资料，尤其是国外的一些设计前沿的知识和信息，这对于扩充学生的知识面和提高专业素养是非常重要的。并且作为双语教学，文中从教学内容和教学方法两个方面具体阐述了讲授方式，也体现了与基础英语的不同和关联，并且在教学方法上进行了研究和尝试，同时收到良好的效果，为以后更好地开展双语教学的研究和教学改革奠定了基础。

参考文献

[1] 康辉，卢国新，王静. 工科工业设计若干问题的思考 [J]. 理工高教研究，2005，24（1）：89.

[2] 杨正. 设计艺术专业英语 [M]. 武汉：武汉大学出版社，2008.

[3] 江建民，毛荫秋，毛溪. 中英双语工业设计 [M]. 北京：中国建筑工业出版社，2009.

[4] 何人可. 工业设计专业英语 [M]. 北京：北京理工大学出版社，2005.

基于商学理念的本科院校"税收学"课程案例教学思考

王汉章[①]

摘　要: "税收学"作为商科大学财税专业的核心课程,具有非常强的政策性和实践性。案例教学法在"税收学"课程教学中的合理运用,能有效激发学生学习的积极性。本文从税收案例的类型、要素入手,分析了基于商学办学思想的税收案例教学法的特征与功能,并从学生视角进行了"税收学"课程案例教学过程的思考,同时揭示了税收案例教学法的局限性,提出了合理使用案例教学法的税收综合教学模式。

关键词: 商学理念;税收案例教学法;教学模式

一、税收案例的含义及类型

所谓"税收案例",是指为了既定的"税收学"(或"中国税制",下同)的教学目的,围绕着一定的税收问题,通过一定的媒介(书面、音像、多媒体等)对某一真实的税收情景所做的客观描述或介绍。它往往是以一个或几个税收问题为核心,以适应特定的税收学教学目的为准则,以培养学生的财税能力为目的,而对涉税组织(如税务机关、税务师事务所、企业、银行等)或个人中的涉税人员、涉税行为、涉税事件、涉税背景等所做的描述或介绍。这种描述或介绍,既不能带有编写者的分析与评论,更不能主观虚构或杜撰,而只能"客观地"反映与表述。

[①] 王汉章,天津商业大学经济学院财政系教授,研究方向为财税理论与实务。

　　税收案例通常应包括三要素：一是必须以税收或涉税事实为依据。税收案例在情节上不得虚构，名称与数据出于保密需要可以掩饰，必要时可以对素材进行删减合并，但基本事实应来自于税收实践，基本上是对税务事实的白描式记录，其目的是要使学生置身其境。二是案例中应包含一个或几个税收问题。其目的是启发学生解决涉税问题。至于这些问题如何解决、是否解决，留待下面再讨论分析。三是案例教学有一定的明确的税收教学目的。案例用于哪些章节，拟使学生用税收案例验证、操习和运用什么理论或概念、工具，想让学生通过分析与讨论，掌握和提高哪些税收知识与技能，教师要做到心中有数。

二、基于商学办学思想的税收案例教学特征与功能

　　商学办学思想是指商科院校根据其历史与办学优势制定的或形成的教学理念或办学理念，一般体现在学校定位和培养目标上。比如天津商业大学的办学理念为："育经世之商才，授致用之术业"。按照这一办学理念定位，"税收学"课程教学应遵从该理念。经世致用包含培养应用型大商巨贾人才的思想，是全国乃至全球"一流"的商学理念。为此，税收案例应体现和培养学生的税收战略胸怀（目标远大、胸怀博大、光明正大），培养"一流"的税收专业"财商"高级人才。商学理念的本质应该是研究"商"的活动及其形成的交换关系，是商学办学思想的核心。而"商"一般是指国家、政府、组织、企业、事业单位、个人以盈利（商品服务交换）或资产保值（企业重组与收购）增值为目的的交换行为，其本质是交换关系。税收案例教学遵从这一规律，其案例教学应围绕以下六方面体现"商"学特色：① 首先要彰显税与商的关系；② 强化属于商品流通与交换的税收，比如流转税中的增值税、消费税、关税，特别是国家税收对于实现公共产品交换的过程与意义；③ 突出涉及商的结果（盈利或亏损）的所得税；④ 辅讲税收征管实务（因另开课程）；⑤ 辅讲税收筹划（因另开课程）；⑥ 加强个人所得税（个人所得是个人提供劳动的交换所得）的讲授。教师在上述教学内容上运用商学特色案例来施教，通常有两种形式：一种是让学生自己阅读、分析和讨论税收案例；另一种是教师在课堂上

讲授税收案例。而本文所说的税收案例教学法，主要是指前一种形式。

与传统的税收教学方法相比，税收案例教学法的最大特征：一是体现商学特色，以教学为中心；二是体现以应用型教学为中心；三是"着眼于能力培养"和"以学生为主"。传统的和非商科的税收教学方法，主要着眼于基本税收知识的传授，其教学活动基本上是以教师为主。而税收案例教学法则主要围绕按商学理念设定的税收案例，着眼于学生能力的培养，重在商学理论、方法、知识体系在税收领域的应用。在整个教学过程中，自始至终都应坚持以商学理念为导向，以学生为主。学生先要自己阅读、分析报告。这样，学生不能仅是跟着教师的思路走，而只能自己开拓思路，从而十分有利于调动学生学习的积极性和主动性，使学生的能力在学习过程中得到锻炼和提高。

商科院校税收案例教学法的上述特征，表明了"税收学"课程案例选择符合商学的办学思想与目标，具有以下几大功能：第一，开阔商学视野，增长税收知识。通过对税收案例的阅读和分析，可以使学生了解某一国家、地区的某一税种或税收政策；通过对税收案例的阅读和分析，可以使学生了解某一国家、地区、某一行业或某一组织单位的有关涉税背景知识，了解税收征管工作者和纳税人在管理实践中的想法、做法以及他们成功的经验和失败的教训。第二，交流税收看法，体验税收实践。通过税收案例教学过程中的小组讨论和课堂讨论，学生们可以各抒己见、交流辩论、集思广益。第三，体现理论联系实际的应用型教学原则。由于是对某一特定税务情景的客观描述或介绍，十分接近实际情况，因此学生通过一个个案例的学习，就好像经历了一次次税务实践。第四，培养和提升学生分析问题与解决问题的能力。第五，增强学生的学习能力。通过阅读案例、做笔记、抓要点、列提纲、查资料、归纳概括、推理演绎、推导演算等活动，可以培养和提高学生的财税自学能力；通过发现与找出问题、分清主次轻重、探究分析原因、拟定解决方案、进行权衡抉择等过程，激发学习热情；通过讨论发言、说服辩论、撰写报告、组织和管理案例学习小组等活动，可以培养和提高学生的语言技术、表达能力和人际交往能力等。而所有这些能力，可以集中体现其以"财商"为核心的商学素质的养成，有利于学生学习精神、学习方法等学习能力的增强。

三、学生视角的"税收学"课程案例教学过程

（一）认真阅读和分析税收案例

1. 学生个人阅读案例

这一环节的质量，对于后面的几个环节具有基础和前提性意义。学生阅读案例时，应本着"先粗后精"的原则进行。即首先大略地浏览一遍，大致地了解税收案例的内容，对其有个总体的、直观的感性认识，然后再从头至尾地进行细读。细读时，可以将自己的观察结果、发现、体会、心得以及有关的概念等，以眉批或加注等形式记录下来。同时，要注意把实事和观点分开，甚至对于一些数据资料等，也不要盲目地接受案例中有关人物的说法和看法，也要看是不是其故意设置的"陷阱"。

2. 分析问题

这一环节就是在找出了案例中的问题以后，进一步分析产生问题的原因以及解决问题的条件。在一个案例涉及几个或多个涉税问题的情况下，还要弄清各个问题间的主次轻重关系。通过分析，要拟定出各种可行的备选方案，并找出它们各自的支持论据。有时可能还出现分析所需要的某些事实或数据案例中却找不到的情况，这时就需要做些假设、估计和判断。不过，这些假设、估计和判断必须合乎逻辑。比如你可以假设"营改增"失误，但不可以假设"营不改增"；正如你可以假设阴天下雨，但不能假设日出西方。

（二）踊跃参加税收案例讨论

税收案例讨论是以小组和班级为单位，进行分析，开展讨论。以小组为单位进行案例的学习和讨论，是案例教学中一个重要环节。这是因为，班级讨论的时间有限，要想全班几十人都发言，时间是不够的。另外，有些人由于缺乏锻炼或其他原因，在全班发言会感到困难或有顾虑。这样，先通过小组的形式进行讨论，一方面可以使更多的人充分发表自己的见解，另一方面也可以使那些不善于发言的人得到锻炼。此外，小组本身的管理，还能使学生处理人际关系的技巧和组

织能力得到一定的锻炼。要搞好小组讨论，应注意以下三个问题：一是应努力争取人人到会，人人发言。二是要充分利用时间，提高讨论效果。三是要注意倾听他人发言，做好必要记录。同时，小组应指定一人专门进行记录，以备在班级讨论发言或供教师查阅了解小组讨论情况。

以班级为单位在课堂上讨论分析案例，是案例教学的关键和中心环节。学生不仅要高度重视班级讨论，更要持积极主动的态度。一方面要踊跃发言，敢于发表自己的见解，并努力说服别人接受自己的见解；另一方面要注意听取别人的发言，善于从别人发言中发现合理因素，以补充完善自己的观点和方案。

（三）撰写税收案例分析报告

税收案例分析报告是指以简明的书面形式表达出来的税收案例分析材料。撰写税收案例分析报告，是整个税收案例教学中的最后一个环节。这一环节，对检验和锻炼学生的书面表达能力是极为有益的。同时，税收案例分析报告也是教师评定学生案例学习成绩的主要依据。税收案例分析报告，不仅要把自己的分析表达出来，还应吸收小组讨论和班级讨论的成果。但是应该注意，税收案例分析报告要简明扼要，只要把代表自己分析精髓的那些关键信息表达出来。写税收案例分析报告不同于文学创作，用不着进行修饰，不必十分注意文字技巧。

四、税收案例教学法应注意的事项

事物都是一分为二的，税收案例教学法也不例外。在充分认识它的功能和作用的同时，我们也应了解和避免其缺点和局限性，以更好地发挥其作用。

税收案例教学法的使用应注意以下几个方面：第一，税收案例只是对某个问题或某些问题的描述，因此它无法代替系统的税收理论教学和知识传授。第二，对税收案例进行分析，必须掌握一定的税收理论，而且最好再有一定的税收实践经验。第三，税收中有些知识的掌握，如有关电子商务税收、网络税收方面的知识等，案例教学法尚无能为力，有待于上机和实训。第四，税收案例的编写需要花费较多的精力和费用，但它的实用价值却往往随着实践的推移而降低。第五，税收案例教学法需要的时间比较多，但课时和学生的时间都是有限的。第六，多数税收案例本身是没有标准答案的，因此学生们提出的种种建议和办法，其对错基本上是无从检验的，并因此而无法满足一部分学生刨根问底的心理需求。因此，比起"项目教学法"和"行动学习法"以及实习实训等实务性更强的教学方法，案例教学法多少存在一些纸上谈兵的味道，还不是"亲临其境"。税收案例教学尤其不能简单地单独应用，而是应将其融入适当的教学方法体系中，以综合的教学方法形成一种教学模式。

总之，我们既要看到税收案例教学法的优点，也要注意其局限性，不能取代和排斥其他教学法，包括传统教学法，正如那些方法不能取代案例教学法一样。从而将案例教学法与其他方法结合起来，扬长避短，互相补充，更好地实现商科院校"税收学"课程的教学目的。

参考文献

［1］天津商业大学网页，天津商业大学办学理念及其释义，http://www. tjcu.edu.cn/html/zcdh/2016/06/03/d52ac660-8b39-4f36-8523-6c351757eb4f.html.

［2］陈树文. 哈佛大学商学院案例教学研究［J］. 大连理工大学学报 2006，27（4）.

［3］肖姝. 应用型大学财税专业课程体系的研究［J］. 财会学习，2016（22）.

面向应用型人才培养的"传感器原理及应用"课程教学改革

肖　丽　申　芳　侯淑萍　李立鹏①

摘　要："传感器原理及应用"是电气信息类专业的重要专业基础课程之一。如何在教学过程中培养与提高本科生创新实践与工程应用能力，是实现电气信息类应用型人才培养计划的重要环节。依据学校专业培养方向与培养方案，结合传感器前沿基础理论与技术发展趋势，通过对课程内容体系优化、先进教学方法探索、实验课程改革等环节，建立理论教学、实践探学、网络助学的三位一体化新教学模式，并在"传感器原理及应用"课程中深入实施，实现地方高校本科教学转型，提高应用型人才培养质量。

关键词：传感器原理及应用；应用型人才培养；理论教学；实践探学；网络助学

一、引言

"传感器原理及应用"是一门众多学科领域交叉的技术课程，涉及电气、机械、物理、化学、生物、力学、光学、磁学、材料、电子、信息等诸多内容。其显著特点就是基础学科综合性强、理论实际联系紧密。随着工业技术飞速发展，工程要求不断提高，近些年各种新型

① 肖丽，天津商业大学信息工程学院讲师，研究方向为传动控制系统与检测。申芳，天津商业大学信息工程学院教授，研究方向为工业系统设计。侯淑萍，天津商业大学信息工程学院副教授，研究方向为工业系统设计。李立鹏，天津商业大学信息工程学院讲师，研究方向为机器人控制与智能。

传感器接踵涌入市场，使其应用领域继续深入与拓宽。而当下用人市场对具备高素质的应用型专业学科人才培养提出了与时俱进的高要求。那么，作为地方教委直属高校，如何根据本科教育改革方案要求，激发并培养出本科生的创新实践能力与实际应用思想是"传感器原理及应用"课程深化改革的重要环节与迫切任务。

二、理论教学

（一）课程内容优化

"传感器原理及应用"这门课程覆盖知识面广、发展与更新速度极快、理论与应用结合性较强。恰当选取教学内容、优化课程结构是激发学生学习兴趣与提高教学质量的有效途径之一。在对已修该门课程的不同成绩水平的学生进行问卷调查的基础之上，结合我校专业培养方向与学科特色，以"着重基础理论、趋向前沿技术、综合交叉学科、侧重能力培养"的基本原则为优化指针，深入剖析原教学内容体系优势与不足，重新制定教学大纲。新教学大纲以下列内容为系统脉络。

（1）传感器静态与动态特性。

（2）传统典型传感器工作原理、测量电路、典型应用，其中包含电抗式传感器（电阻、电感、电容，电涡流传感器）、电势传感器（磁电式、霍尔式、压电式、热电耦式传感器）、光电式传感器（光敏电阻、光电晶体管、红外、CCD 图像传感器）、化学传感器（湿度、气敏）。

（3）新型传感器，其中包括生物传感器、智能传感器、模糊传感器、微传感器、网络传感器。

（二）以工程案例为背景的教学方式

由于该课程具有内容多而复杂的特点，因此，在确保优化后的课程内容得到高质量教学效果的前提之下，如何解决教学任务重而课时少这一问题成为理论教学中又一改革难题。故此次改革中，采用以工程案例为背景的教学方式，代替传统教师为主导的填鸭式教学方法。

根据"传感器原理及应用"课程中所规定的基本知识点、重点与难点、能力培养要求等，把各类传感器工作原理、基本特性、测量电路等重要体系内容融入实际工程应用案例中进行启发式阐述，以培养应用型人才为导向，采用启发式讲授与探索式研讨相结合的课堂教学模式来激发学生的学习与研究兴趣、锻炼学生独立思考问题与解决问题的能力。同时，也将复杂、难以理解的基础理论知识融洽地融入典型工程案例讲解之中，使学生能够生动、形象、扎实地理解、掌握传感器的基本知识点。例如，在学习电阻式传感器过程中，以学生常见的电子秤、数字血压计为应用背景，不仅让学生了解该类传感器的基本特性与工作原理，还可以通过相关实践设计深入掌握其应用，为提高学生动手实践能力提供了平台，着力培养应用型人才；又如，在学习压电式传感器过程中，以该类传感器在汽车安全气囊中的应用为背景，通过介绍电子式安全气囊检测控制系统，来使学生深入认识理解压电式传感器作为检测汽车碰撞基本元件是如何进行检测与控制工作的。

三、实践探学

（一）以设计开发式实验项目为主

本次改革重新设立实验项目，将验证性实验与设计开发式实验相结合，并以培养设计开发的创新能力为主。验证性实验主要使学生将教学课堂中所学的基本理论加以巩固与理解，而设计开发式实验却以培养学生独立思考问题、独立解决问题的能力，并在此期间逐渐提高创新能力。将上述两种实验方式相结合，使学生在独立实验过程中，将所学基本理论知识正确地应用于设计开发整个传感器系统过程中。这势必会在一定程度上提高了学生能力培养的要求。与此同时，在整个设计开发过程中，将涉及"电路""数字电子技术""模拟电子技术"等相关其他课程的基础知识。这既使学生巩固了其他专业基础课程的基本知识，又可培养学生综合运用能力。

（二）以驱动式实验教学方式为主

传统机械模仿教师操作的实验教学方式，对当下应用型创新人才的培养理念毫无意义可言。本次改革中以驱动式实验方式为主，教师由原来的"示范者"变为"启发者"，只对学生自行开发设计过程中所遇困难给予启发式帮助。那么，这就要求学生自行思考如下相关问题：
① 如何根据实验项目所提出的设计指标选择传感器类型，选型过程
中还应考虑传感器的基本特性与外界环境因素。② 在传感器选型之
后，如何依据传感器基本结构与特点和实验相关设计要求，并结合其
测量电路，恰当地设计信号转换、放大、显示电路？实际运行过程中
还需要考虑整个系统中各模块间的哪些相互作用与影响。③ 整个系
统设计完成后，如何进行性能评估？如何改进较差性能指标？这样的
驱动式实验，使学生在调查研究、材料收集、方案设计、实验操作、
分析数据处理等方面的能力得到有效训练与提高。在长此以往的训练
中，学生创新能力也会逐渐提升，以满足应用型人才需求。

四、网络助学

计算机与网络技术和我们生活息息相关，对于教学而言，多媒体
技术不仅是丰富教学方式、共享教学资源、提高教学效率的重要保障
平台，也是教学改革的主流途径。充分适当地运用多媒体工具可实现
教学可视化、丰富化、最优化，进而提高教学效果。而本次改革中不
单单只是更新授课 PPT 内容，而是多角度、全方位、广范围应用多媒
体手段辅助课堂教学、帮助课下学生自学。

（一）以多媒体手段辅助课堂教学

多媒体教学方式虽然所涉信息量大、传播速度快、直观效果强，
可在有限时间内大幅提高教学内容，但在实际中如单纯用多媒体教学，
会使学生感觉教师在"照本宣读""加倍灌输"，进而失去课堂学习兴
趣，而教师也无法了解学生理解与掌握知识点情况，使得师生间缺乏
交流，反而造成课堂气氛沉闷。针对"传感器原理及应用"课程特点，
多媒体课件中应对于传感器基本结构与外形、典型应用，采用图片和
动画进行展示与教学，生动而形象地展示所授内容，使学生在活跃的
课程氛围中加深对传感器的认识与理解，进而提高学习兴趣；而针对
传感器基本原理的讲授，尤其是有较复杂公式推导，需要采用板书方
式，使学生在一步一步推导过程中加深理解。总之，将传统板书教学
模式与图片、动画多媒体教学方式相结合提高学生学习兴趣，加深知

识点理解。

（二）以多媒体帮助课下自学软件开发

为了使学生在课堂之外更好地预习与复习该门课程、更加丰富该领域前沿成果，本改革中建立"传感器原理及应用"多媒体教学软件的系统，分别对系统结构、界面、软件脚本、导航和人机交互这五个方面进行设计。该多媒体教学软件整体分为以下三部分，分别为：

（1）课程内容。在该部分中向学生明确了教学单元的教学目标和要求，使学生了解需要掌握的内容及重点。其下增设各章节中的重要知识点以及课上教师所授内容，以便学生课下可自行回顾复习与巩固。

（2）实际案例。该部分一方面以动画或视频方式对传统传感器在实际生活与工业应用的案例进行描述与讲解，使学生不仅能够加深对传感器典型应用的理解，同时也能培养自身实际应用能力与工业背景素养。另一方面，借助该软件可向学生展示该领域的最新研究成果，以及与传感器相关交叉学科的基本常识与理论，以便学生开阔视野，了解学科发展趋势，培养学生自我探索的研究素养。

（3）自我评价。该部分设置了每章节的练习题与测试题，学生在课下可自行练习。软件将对学生所做习题结果的正确度进行判断，并加以修正。

五、改革效果

经过对我校 2013 级与 2014 级自动化专业学生的"传感器原理及应用"课程采用"理论教学、实践探学、网络助学"三位一体化教学模式，现已取得阶段性成果。

（1）学生对"传感器原理及应用"这门课程的学习兴趣显著提高，教学效果明显改善。考试成绩显著提高，实践应用能力取得阶段性提高。其主要表现在：学生在电子设计大赛中，能够自行完成传感器选型及相关的外围电路设计工作，逐步培养成应用型人才。

（2）通过此次改革，学生不再"死读书，读死书"，逐步学以致用，由原先的"被动式"学习变为"主动式"探索、创新性学习动力大幅提高。

参考文献

［1］陈淑红，侯培国，屈晓阳，弓洪玮．基于 CDIO 理念的传感器技术课程教学模式改革［J］．教学研究，2012，35（1）：83—85.

［2］方桂娟，伍坪．应用技术型本科传感器课程教学改革探究［J］．武汉轻工大学学报，2016，35（1）：114—116.

［3］史荣，李玉昆，任玉波，马筱聪．基于 CDIO 的卓越工程师试点班课程改革实践［J］．教学研究，2012，35（2）：57—60.

［4］卢亚平，宋天麟．传感器与虚拟仪器实验室建设与教学［J］．实验室研究与探索，2015，34（8）：101—103.

［5］敖邦乾，熊飞峤．探索高校传感器与检测技术教学改革［J］．大学教育，2016（8）：177—178.

［6］刘丽梅，张英良．建设应用型课程实现新建本科院校转型［J］．河北大学学报（哲学社会科学版），2014，39（5）：72—76.

［7］张宣妮．基于"做中学，学中做"的传感器教学模式探究［J］．高教论坛，2011（2）：70—71.

［8］侯向锋，周兆丰，司佑全．学研教协同在传感技术及应用课程中的应用［J］．湖北师范学院学报（自然科学版），2014，34（3）：92—95.

［9］王永红，余晓芬．基于 CDIO 理念的"传感技术"课程教学与探索［J］．电气电子教学学报，2009，31（6）：16—17.

"翻转课堂"在"西方经济学"课程教学中的创新研究

许平祥[①]

摘　要：传统的西方经济学教学很容易陷入单向思维和被动学习的低效率模式之中，而"翻转课堂"通过"教与学"互动的双向思维提升教学效率。"翻转课堂"可以让知识传递集中于课下，知识内化形成于课堂，使得西方经济学教学纳入运用性、个性化和自主性因素。翻转本质是教学理念的变革和教学方法和手段的变革，有助于构建崭新和谐师生关系，也对高等教育塑造新一代人才具有重要意义。

关键词：西方经济学；翻转课堂；自主学习

一、引言

所谓翻转课堂，就是在信息化环境中，课程教师提供以教学视频为主要形式的学习资源，学生在上课前完成对教学视频等学习资源的观看和学习，师生在课堂上一起完成作业答疑、协作探究和互动交流等活动的一种新型的教学模式。当然，教学的视频化并非翻转课堂的核心，基于"以学生为中心"和改变传统教学模式"单向思维"才是翻转课堂的真正含义，翻转课堂的成功得益于探究性学习和基于项目的学习带来的主动学习。在北美越来越多的学校开始接受和采用这种教学模式和理念,在全球已逐渐发展成为教育教学改革的一波新浪潮。

---

① 许平祥，天津商业大学经济学院讲师，研究方向为虚拟经济与宏观经济。

二、"西方经济学"翻转课堂教学理念的转变

"西方经济学"是我国教育部审定的经济、管理类专业核心课程，是高等院校财经类和管理类专业必修的一门专业基础课。该课程一方面是出于培养学生的逻辑推理和经济学思维的目的，另一方面是其基本经济理论是其他专业课如金融学、财政学和国际贸易等课程的基础知识。西方经济学主要介绍流行于西方市场经济国家的现代经济理论与经济政策，主要包括微观经济学和宏观经济学两个部分。微观经济学部分比较贴近现实，但涉及较多假设和抽象描述；宏观经济学部分事实事件随时发生，但距离学生具体生活较远，抽象性更强，理解更需要自身的感悟。西方经济学整个内容体系覆盖面广、涉及的知识多，需要学生具备一定的社会经验、扎实的数学基础并有较强的逻辑思维能力和社会观察能力。

然而，学生基于中学灌输式的教学模式进入自由度较大的大学课堂，并且由于年龄和生活阅历都缺乏相应的社会经验与社会观察能力；此外，高校招收财经类和管理类专业的学生一般都是文科出身，其数学基础略显薄弱。基于以上理由，学生普遍认为"西方经济学"课程的学习效果低下，无法体会到经济学中的趣味性。鉴于"西方经济学"课程的教学内容和特点，一些专家和任课教师都在积极探索新的教学方法和教学模式，以便能够解决现存的困境。"翻转课堂"的教学模式可以对"西方经济学"课程的教学流程重新进行设计，整个教学流程进行课下知识传递和课上知识内化分化，形成教师的"教"和学生的"学"的双边互动系统。

与目前国内高校西方经济学教学模式相比较，引入翻转课堂教学将在教师角色、学生角色、教学形式、课堂内容、技术应用和评价方式方面都呈现更加符合科学教育规律的变革。

首先，教师中心理念的平等化。从西方经济学教学的教师角色的转变来看，翻转课堂使得教师不再是知识交互和应用的中心，教师已从传统课堂中的知识传授者变成了学习的促进者和指导者。是否提供指导，取决于学生个人的差别化能力。在翻转课堂中，学生成为学习

过程的中心，在实际的参与活动中通过完成真实的任务来建构知识。教师不能干预学生对教学活动的选择，只能通过新的教学策略需要促进学生的学习。

其次，学生学习的中心化和主动化。从学生在西方经济学学习过程中角色转变来看，学生已经进入自我知识延伸的时代。学生可以在网络资源中获取自己所需的经济事件、案例等知识，教师可以利用各自的工具和平台技术高效地为学生提供丰富的经济学学习资源。学生成为自定步调的学习者，他们可以控制学习地点的选择，学习时间、学习内容和学习量等。翻转课堂是有活力的并且是需要学生高度参与的课堂。在技术支持下的协作学习环境中，学生需要根据学习内容反复地与同学、教师进行交互，以扩展和创造深度的知识。翻转课堂是一个构建深度知识的课堂，学生便是这个课堂的主角。

最后，经济学学习的互动化。翻转课堂的核心特点是在课堂中降低教师的影响比重，包括授课时间，留给学生更多的学习活动时间。这些学习活动应该基于现实生活中的真实情境，并且能够让学生在交互协作中完成学习任务。将原先课堂讲授的内容转移到课下，在不减少基本知识展示量的基础上，增强课堂中学生的交互性。时间是所有学习活动最基本的要素，提高学习成绩的关键因素是充足的时间与高效率的学习。翻转课堂通过将"预习时间"最大化来完成对教与学时间的延长；其关键之处在于教师需要实现"课堂时间"的高效化。

三、"西方经济学"翻转课堂教学流程设计

"西方经济学"翻转课堂不是简单地将教与学的主体进行翻转，也不是将课上和课下的内容进行简单的拼接，而是将教师的"灌输式教育+学生被动式吸收"转变为学生"自觉认知+教师辅助引导"提升能力的过程，这种翻转本质是教学理念的变革和教学方法及手段的变革。因此，"西方经济学"翻转课堂内容提供了更多的知识量、激发主动思考研究内容和师生交互内容。总体上，包括"西方经济学"课程课前视频内容、课堂交互内容、课后的训练及拓展内容。与传统课堂的"预习—课堂讲解—练习"的教学流程相比，西方经济学翻转课堂

教学流程可以优化为"根据指定目录观察或实践—阅读相关教材和参考资料—思考并拓展—师生互动—总结提升"，这个流程在学习设计和教学组织上都有较大的不同。

根据目前的教学计划，西方经济学的微观部分和宏观部分都为48个课时，每周平均三节课。宏观和微观的授课周期都为一个学期，共16周，除去导论和测试，实际的教学周为14周。如果采用翻转课堂的教学流程，为了达到效果，宜采用每周平均三节课模式；并且对学生进行分组，4～6人为一组。

课前阶段Ⅰ，安排在课前一周：教师提供教学数据、案例或经济事件，让学生按小组进行观察，通过以前的知识认知来判断分析其结果及影响，如2015年粮食产量与农民收入数据列之间的关系。

课前阶段Ⅱ，安排在课前一周：教师首先要向学生提供学习资源，其次学生在教师的指导下有针对性地初步完成资源的学习，以此达到知识传递的目的。如弹性理论，教师基于教学特点制作课件、教学视频和测试题库等学习资源，其中课件包含弹性的概念、经济意义和计算公式等基层知识内容，教学视频是对需求价格弹性的概念、根据需求价格弹性的大小将商品分为弹性无穷大、富于弹性等类型、不同类型的商品价格改变后总收益如何改变等重点和难点内容的讲解，测试题库中是一些针对弹性概念、影响因素、基本计算和简单应用等设计的题目。最后，学生通过网络交流工具获取教师制作的学习资源，并在教师的指引下，根据自身情况观看课件和教学视频、参与网络课程、检索网络资源、进行自测练习等活动。总之，通过教师和学生的共同努力，学生对弹性的概念、原理、基本应用有了一定的理解和掌握，实现了知识传递的过程。

课中阶段，安排三节课，分别为教师给出情景设计促进学生讨论，师生互动部分和教师总结部分。教师首先创设情境提出问题，接着学生独立探索解决问题，然后小组研讨，之后师生协作完善问题解决方案，最后教师对学生的知识掌握和解决问题的能力进行综合测评。讨论的程序为先在组内讨论，然后在组间讨论。对于不同组的不同观点，应允许学生间进行适度的争论和辩论。如在弹性理论这部分，结合课前数据的分析，教师以"谷贱伤农"和"薄利多销"的经济现象创设情境，提出思考"为什么有些商品价格低总收益也低，而有些商品价格虽然低但是总收益却高"的问题。

课后Ⅰ阶段，安排在课后当天完成。为了进一步巩固和加强同学们对于知识的理解，促进其内化，课后还应适当安排作业，并在线及时为学生进行一对一解答，以便了解学生学习过程中存在的个性化问题。

课后Ⅱ阶段，安排于课后一周完成。该阶段的目的是总结深化和拓展运用部分。如教师提示学生要从弹性的不同视角考虑，指出生活必需品比如粮食是缺乏弹性的，而生活奢侈品比如珠宝首饰是富有弹性的。给出实际的数据，让学生自己计算结果以深刻体会出需求价格弹性的奥妙。学生通过问题的思考和解答逐渐构建了关于弹性理论的知识体系。通过课上教师和学生的互动协作，学生可以主动建构自己的知识体系，实现知识的内化及应用创新。

四、总结

大学生的"西方经济学"课程学习既具理论性和实践性，又有自主性和探索性，不适合采用"满堂灌"的讲解方式，恰恰相反，大学生的"西方经济学"学习应该以自学为主，让学生在研讨式教学、课外学习中得到较好发展。翻转课堂则完全符合这种教学规律和理念，同时也能为这种理念的实现提供操作方案和流程。翻转课堂进入大学课堂，西方经济学教学进行翻转潮流即将到来。在慕课和翻转课堂迅速发展的未来，"教学"乃至"学校"这些概念或许都将被迫重构。

参考文献

［1］齐军. 美国"翻转课堂"的兴起、发展、模块设计及对我国的启示［J］. 比较教育研究，2015（1）.

［2］施淑蓉. MOOC 在西方经济学教学中的应用研究［J］. 高等教育，2015（9）.

　　［3］钟晓流，宋述强，焦丽珍. 信息化环境中基于翻转课堂理念的教学设计研究［J］. 开放教育研究，2013（2）.
　　［4］金陵."翻转课堂"翻转了什么?［J］. 中国信息技术教育，2012（9）.

慕课时代下对大学英语教学模式改革的尝试

黄怡凡[①]

摘　要：慕课是新生事物，从"慕课元年"至今只四五年，但其对教育改革产生的影响被认为是巨大的和深远的。慕课在中国也火热地发展着，各个学校纷纷进行尝试。本文在进行慕课形式课程开发和试验的基础上，分析慕课教学的特点和它在具体学校环境下的适应性，以及慕课对大学英语教学模式改革产生的影响。

关键词：慕课；新技术；教学模式；成本；适应性

一、前言

随着信息技术的发展和教学改革的延伸，在英语教学中，各种新技术及新教学形式，如慕课、微课、翻转教学、对分教学等层出不穷，教学模式的改变终归也是为了教学效果的改善和教学目标的实现。在全球发展的新形势下，我国的大学英语教学也全方位地进行了调整，这可以从最新的《大学英语课程教学要求》中看出。《大学英语课程教学要求》指出"大学英语是以外语教学理论为指导，以英语语言知识与应用技能、跨文化交际和学习策略为主要内容，并集多种教学模式和教学手段为一体的教学体系"，培养学生的英语综合应用能力、自主学习能力，提高学生的综合文化素养是大学英语教学的主要目标。

二、对现有大学英语教学的反思

在改革和发展的大环境下，很多学校已经调整了教学目标。以前，

---

① 黄怡凡，天津商业大学大学外语教学部副教授，研究方向为英语教学。

在全国高校中，即使学生入学水平有所提高，仍将达到一般要求作为本校大学英语教学的终极目标的学校比例不小。现在，"对于大部分院校来说，保持或提高学生的全国大学英语四、六级考试通过率都不再是最重要的选项了，大家都将提高学生的英语综合应用能力和提高学生的综合素养作为最重要的教学目标"。

目前，在我校，大学英语作为必修基础课，两年的教学分别对应一至四级，完成四个级别的学习即视为大学英语教学的终结。教材、教学内容和方式仍旧围绕四级考试进行，一本书、一支粉笔、一块黑板的英语教学仍在继续，教学的功利性强，教学过程枯燥乏味，课程的实用性受到学生的质疑。这种状况下，我们很难想象或要求资源的分享、信息的获取和师生的互动，对培养学生的国际视野、思辨能力和跨文化交际能力的关注度也远远不够。因此，在国内高校进入全新的改革期、在我校正在进行"应用教学型"办学转型的背景下，这样的教学标准和课程设置很明显已经难以满足学习者本人、雇主和社会对于大学英语教学的期待与要求。

所幸的是，面对此状况，我校大学英语教学也进行了反思并开始探索改革之路。

三、对慕课的认知

慕课（大规模开放性在线课程）作为一种课程形式，给教学带来冲击与变革，它使教育的受益范围无限扩大，知识在最大范围内得以共享，它具有"顺应大数据潮流、创新知识结构碎片化、打破时空局限以及打造多元教学方式等优点"。我们也可以把其理解为一种教学模式，因为它具备构成教学模式的五个基本要素，即理论基础、教学目标、操作程序、实现条件和教学评价。

慕课作为一种网络教学模式，是以互联网为支撑、以行为主义和建构主义学习理论为依托的。为摆脱填鸭式教学的种种弊端，慕课教学的理论基础为增强学习者学习自主性的行为主义和建构主义理论。慕课教学模式注重学习者的学习过程和知识的主动构建，给予学习者充分的时间进行自定义步调的学习，教师讲授的内容仅为学习者学习的起点而非终点，因此被认为能够真正实现教师角色的转变，从而还原"学"的本质，让慕课形式下的教育成为学生对学习的认知、感受、领悟及诠释和交流等的集合体。另外，称其为新型的网络教学模式，是相对于旧的网络教学模式而言。传统的网络教学模式如函授、各高校的网络课堂以及各类公开课等，虽其形式为网络教学模式，但是这些网络课堂呈现出了教学视频内容老旧、教学形式单一、缺少教学评价以及课程论坛利用率低等一系列问题。慕课教学模式尝试最大限度地克服这些缺陷，提高网络课堂的利用效率。此外，慕课的"新"在于其规模和革命性的发展潜力，尤其是这种潜力来自美国顶尖大学的独特魅力及其国际教育影响力，源于普通人对于优质教育资源的渴求。

四、示范课程的建设

（一）简介

首先，我们明确了大学英语教学的目标、内容及要求，将此作为课程设计与开发的依托，并广泛阅读关于慕课及其他教学方法的文献资料，深入理解慕课的内涵及其优劣势，并与我校大学英语教学现状结合，分析慕课教学的可行性，寻找慕课教学的切入点。与此同时，我们进行了慕课课程体验，体会、了解并掌握慕课的特征和主要构成部分，以及慕课的教学设计原则。在上述基础之上进行"中西文化圆融：交际篇"课程设计与开发，确定了课程的教学目标及教学计划，并选取该课程中的某一章节进行课程讲座视频制作，其中包括各个知识模块、练习题、作业等。

鉴于微信公众号应用的广泛性和流行度，示范课程讲座视频于2016年10月8日于"凡人英语"公众平台发布课程介绍，并在2016年10月9日至16日连续8天在此平台上推出系列视频及延展练习。课程结束后，于2016年10月18日推出相关问卷调查。

参与课程体验的学习者来自我校大一和大二本科学生，共计160人。在课程开始前，教师通知学生开课时间。课程上线过程中，教师督促学生观看课程并完成相关练习和作业，所有参与者可在每日课程后留言参与讨论或者在讨论群中参与讨论。本次示范课程的核心是尝试与体验，因此我们更关注学习者的学习感受以及他们提出的意见和建议。

（二）统计与分析

示范课程结束后，对参与课程的学生做了问卷调查，主要调查学习者对本次示范课教学内容和形式的有效性的看法及其对课程的满意度。课程参与者共 160 人，收到有效问卷 136 份。

根据问卷，参与课程的学生在以往的英语学习中主要采用传统课堂学习的方式，这类学生占到 85.29%，而有过网上课堂学习经历的学生只占 13.97%，因此慕课（MOOC）形式的英语学习对这次实验中的绝大多数学生来说是新鲜的、陌生的。问卷其他项目数据统计如下。

1. 您认为本示范课教学内容？　　[多选题]

选项	小计	比例
有趣	73	53.68%
枯燥	18	13.24%
有用	78	57.35%
没多大用处	9	6.62%

2. 您认为本示范课教学形式？　　[多选题]

选项	小计	比例
比传统教学课堂好	91	66.91%
不如传统教学课堂好	9	6.62%
能够吸引我的注意力	66	48.53%
不能让我专注学习	18	13.24%

3. 您如何评价针对课程的讨论组或讨论群活动？　　[多选题]

选项	小计	比例
参与讨论很有意思	74	54.41%
参与讨论有助于我的学习	75	55.15%
别人的讨论对我的学习有所帮助	67	49.26%

参与讨论很麻烦	8	5.88%
参与讨论无意义，是浪费时间	2	1.47%
我的英语水平有限，不好意思参加讨论	39	28.68%
我没有时间参与讨论	2	1.47%

4. 您认为课程视频是否需要添加字幕？　　[单选题]

选项	小计	比例
是	119	87.5%
否	17	12.5%

5. 如果在此基础上对课程进行改进，您认为需要改进的地方是？（请选择您认为最重要的三个）　　[多选题]

选项	小计	比例
增加词汇及语言点讲解	95	69.85%
增加音视频	52	38.24%
增加课件观赏性和趣味性	70	51.47%
添加字幕	67	49.26%
增加背景知识和延展阅读	62	45.59%
加强讨论	27	19.85%
教师出境	18	13.24%

6. 您认为这一示范课章节的教学量？　　[单选题]

选项	小计	比例
学习量太大，无法按时完成	27	19.85%
学习量适当，可以完成	109	80.15%

7. 如果再推出课程其他章节，您是否愿意继续学习？　　[单选题]

选项	小计	比例
愿意	117	86.03%
不愿意	8	5.88%
无所谓	11	8.09%

8. 您对您这次示范课学习的效果如何评价？   [单选题]

选项	小计	比例
满意，学到了不少东西	48	35.29%
基本满意，还应改进	86	63.24%
不满意，没学到什么	2	1.47%

9. 您对这次示范课程的整体感觉是？   [单选题]

选项	小计	比例
满意	60	44.12%
基本满意	70	51.47%
不很满意，还有许多要改进的地方	6	4.41%
非常不满意，需要重新来做	0	0%

从数据统计看出，面对这种新的教学模式，学生基本持喜欢和接受的态度。此外，对于本次示范课，从课程方面来讲，课程内容和课件设计还应提高趣味性，以吸引学生注意力，激发学习兴趣；从学生角度来讲，部分数据显示学生的基本语言应用能力还需要提高，而且受一贯以来传统课堂教学方式的影响，学生对教师的依赖性仍旧比较强，比如：认为学习量大，无法按时完成；需要词汇和语言点讲解；需要字幕等。

五、感受与思考

（一）慕课与传统网上课堂的差异

（1）慕课有着明确的课程计划与教学目标。在网上课堂开课之初，教师会做一个简单的课程概述，如课程要求及进度、重难点等；学生在课程开始之前要详细了解课程相关条款及进程安排，以便能更好地安排自己的学习进度和了解作业要求。

（2）课程视频并不是课堂教学或者会议的录制版，而是为慕课专门准备的教学视频。

（3）整段的教学视频被划分成若干个时间长度小于 10 分钟的小视频。这样既能保障视频的精练程度、教学内容的突出，又能保证学生注意力的集中。根据心理学的相关理论，课程在起初的 10 分钟左右的时间内，学生的学习活动是最为高效的，之后学习效率随着时间的增长而下降。

（4）慕课专门为学生提供了作业提交区和学习交流区。在教学过程中，学生不仅要观看所有的教学视频，还要完成相应的作业，并在截止日前通过作业提交区来提交作业。同时还要浏览讨论区里的内容并积极地参与到讨论中来，如果有问题还可以在讨论区中和任课教师及助教进行交流。

（5）慕课的评价内容由三部分组成：是否观看完所有的教学视频、是否完成全部作业以及是否参与到讨论中来。值得我们关注的一点是作业批改的问题。我们以 Coursera 在线课程平台为例，它运用的是同学互评作业的方式（Peer-Grading）。教师根据对作业的要求提出评分细则，互评的同学可以根据评分细则对其他同学的作业进行打分。每位学习者至少批改五位同学的作业，只有这样才能看到他人给自己的评分。同时，Coursera 鼓励学习者尽可能多地批改他人的作业，他们认为同学互评也是一种有效的学习手段，但是作业成绩最终的调整权在教师的手中。

（二）教学过程中人力资源投入量大

在现实的教学环境中，教师或者教学人员一般都是唱"独角戏"，很少与他人进行合作。但是在慕课教学模式中，单打独斗的方式行不通。教师除备课、精心准备教学环节、讲课、布置作业之外，还需要专业的视频制作人员将编辑好的教学视频发布到网站上；同时还需要有在线回答问题、批改作业的助教；需要有教学平台维护人员；如果是实验课，还需要实验助理等人员。不难看出，在慕课教学模式下，我们概念中的"教师"只是这门课程中的一个环节。想要把课程视频做得完善并把课程完整顺利地完成，实际上靠的是团队的力量。

六、结语

依靠互联网技术发展而产生的慕课被认为在教育资源丰富性和培养学生自主性、独立性和创新能力等方面具有不可比拟的优势，然而也有分析指出，相比于传统大学教育，它也存在自身的弊端，如对学习者学习自主性的高要求、师生互动的欠缺等。因此，对于这样一个新事物，我们还需要更多的研究和探讨，尝试是必需的。总而言之，各种新技术和形式只是一张皮，真正教学的"魂"依然是符合学生培养和我校发展的体系建设和科学施教。无论是哪种形式，最终学生是否学到有用的知识技能，是否能为社会所接纳与欢迎，是否能成为国家未来建设的重要基石，才是检验一切现有教学模式的根本尺度。

参考文献

[1] 王守仁，王海啸. 我国高校大学英语教学现状调查及大学英语教学改革与发展方向 [J]. 中国外语，2011（9）.

[2] 陆赛茜. 慕课的发展现状与前景 [J]. 新媒体与社会，2014（1）.

[3] 杜杨. 关于网络公开课"慕课"对高校体制五挑战 [N]. 光明日报，2013-08-21.

[4] 张鸷远. "慕课"（MOOCs）发展对我国高校教育的影响及其对策 [J]. 河北师范大学学报，2014（3）.

慕课与法学课程优化

崔　磊　李雪玉①

摘　要：科学合理的课程设置是本科法学教育成功的关键。传统教学模式下对法学课程优化存在着很大的困难，集中表现在法学教学资源有限、课堂效率低、不能调动学生学习的主动性。尤其是商科院校的法学课程设置不仅要促进学生的全面发展更要突出本校的特色，使课堂变成了教师对学生知识的灌输，失去了课堂本身的意义。慕课的出现为传统教学模式注入了生机，利用慕课大量的优质资源和教师精心的课堂教学对现有的法学课程进行优化，提高课堂效率。

关键词：慕课；法学课；课程

一、传统法学课程变革之困

（一）商科法学教学资源之困

在我国两百多个商科院校中，绝大多数商科院校属于地方高校。商科院校中与经济生活相关的学科处于优势地位，在人、财、物各方面都获得重点投入。相对而言，法学专业在商科院校的建设中得不到很好的重视与部属高校和专门的政法类的高校在师资、硬件设施方面存在着以下不小的差距。

1. 硬件建设困境

法学专业作为社科类专业在建设中被忽略了硬件设施的重要性，很多人认为法学专业教学工作的进行只需要课本和教师就可以完成，

---

① 崔磊，博士，天津商业大学法学院副教授，硕士生导师，研究方向为英美刑法。李雪玉，天津商业大学法学院刑法学硕士研究生。

在这种观念的作用下导致许多高校法学专业教学设施的建设严重落后，甚至一些高校法学专业图书馆的书籍不全，近年由于信息技术在教育领域的应用，移动图书馆在一定程度上缓解了纸质书籍不全的状况。但是，很多部属高校和专门类的政法院校在硬件设施方面的投入远远超过了地方高校。

2. 软件建设困境

商科院校与部属高校相比较在软实力方面的差距更大。一方面，商科院校在师资方面，往往存在着师资紧缺的现象，法学教师承担着更重的教学任务，自身进一步提高水平困难加大；与国内国外学术交流机会不多，教学理念及方式也有一定的差距，课堂教学缺乏自己的特色，学生感到枯燥无味；另一方面，学生自主学习的能力差，需要教师的督促才能完成作业；在学生培养模式方面，多是四年制，学校缺乏自主招生权，在生源的选择上只能被动接受。

（二）课堂效率之困

1. 课前预习不充足

法学专业课程安排紧凑，往往是内容多课时少，教师在课堂上不得不提高讲授速度，为了提高课堂效率，教师希望学生在课下完成预习工作，但学生往往不能完成课前预习的工作。为了调动学生课前预习的积极性，很多学校从教学方法入手，希望改变课前预习不充足的问题，比如"案例教学法"，较普遍的做法是教师提前告诉学生相关案例，让学生在课下搜集相关资料，在课堂上表达自己的观点。虽然取得一定的效果，但并不能改变大多数学生课前预习不充分的现象。

2. 课堂中学生缺乏主动性

在传统教学中教师处于课堂的核心地位，学生只是被动地接受知识，这种传统的教学方式在实践性极强的法学专业中无法满足对法律人才的培养需求。很多法学课堂为了调动学生的积极性，开展了对话式教学，增加学生讨论的环节，如果没有做好预习工作，或者话题没有吸引力，造成只有少数学生发言，结果是案例教学成了教师一个人的讲解。

3. 课后无法准确对教学效果评估

课堂教学的目的是使学生掌握知识，对教学效果的评估在整个教学过程中十分重要。目前对课程的评估主要是通过对课后作业的检查和每学期期末的学业考试来评估学生掌握知识的情况。一方面，课程早已经结束，发现问题也已经无法弥补；另一方面，学业考试的考察面是有限的，这种方法无法全面地评估学生对知识的掌握。

（三）课程设置之困

1. 课程设置顺序的困境

课程开设的顺序对于学生的学习至关重要，合理安排课程的先后顺序，使课程的设置与学习者知识的提高速度相适应。对于法学课程的设置，高校一直坚持将理论法放在最前面，有的与实体法同时开设，有的只开设与理论法相关的课程，目的在于学生打好基础，为以后的学习做好准备。事实上，理论法中有大量的法律专业术语，再加上本身枯燥无味，学生会产生抵触的情绪，相反的设置顺序，将理论课放在实体法之后也会产生学生理论基础差，在进行部门法的学习中不能独立思考，使学习过程变成完全由教师灌输的问题。

2. 专业选修课程设置有限

在法学专业的选修课安排上，受时间的限制，往往只开设实用性较强的课程，如证券法、票据法。我国不少法律课程设置是借鉴的国外相关制设计，例如，民法在很大程度上借鉴了德国以及吸收了国际条约、国际惯例的内容。然而，背离了我国具体特点，与我国实践相脱节。此外，与法学密切相关的交叉学科，如法哲学，可以帮助学生拓展知识，但目前只有少数学校开设，往往是由哲学老师授课，不能真正把哲学与法学相结合，学生学习的积极性也不高。

正是基于以上几个方面，为走出传统法学课程设置，课堂教学困境，我们引入 MOOC 课程。

二、慕课课程的新理念

（一）课程预习针对性强

由于慕课学习平台拥有海量的优质教学资源，这些课程往往生动有趣，能将大量的内容进行提炼，所以能节省学生课下学习的时间。在课余时间，学生花费少量的时间便可以完成课前预习的任务，便于学生合理安排自己的课余时间，可以更好地贯彻自主学习的精神。在这个过程中，教师只需要提前发布应该学习的课程，其余由学生来完成。由于对学生课余时间占用较少，可以使大多数学生完成预习任务。

（二）满足不同学生对知识的需求

在传统课程的安排中，由于教学资源的限制不可能做到完全按照学生的兴趣开设课程，即使是选修课程也总是划出很小的范围让学生进行选择，对于学生而言，学习根本不感兴趣的知识是很难在课下完成预习任务的。慕课具有大量的教学资源可以为学生的多样化发展提供条件。另外，除了专业课程外还可以根据法学专业的特点开设大量具有人文内涵的课程。

（三）知识讲解细致

慕课学习者可以向共同学习课程的同学随时请教，使各种基础的学生都能完成预习工作。在传统课程学习中，在有限的时间内完成教学任务往往要对知识点做出取舍，课堂中教师对某些知识点一点而过，有时候把希望寄托在学生能课下完成，尤其是法学的选修课程，课程安排时间更少，而里面包含了很多方面的知识点。以证券法为例里面包含了证券的发行、证券的交易、上市公司的收购以及对证券主体的规制。在传统教学模式下会让基础差的学生放弃预习。而慕课可以让学生在证券法下再选择方向进行学习，根据学生自身的情况选择掌握哪方面的知识。

（四）便于学生快速找到适合自己的课程，提高课下学习效率

随着慕课平台的不断进步，很多课程不仅仅是对上课过程的录制，而是专门对自学进行课程设置，内容生动具体。更重要的是在海量的课程里面，慕课学习者可以快速地判断课程是否适合自己，因为在每个课程的下面都有大量的评价，像是在网上购买商品一样方便。假如你要学习法学基础理论的课程，你在慕课平台输入关键词，会出来很多相关课程，这个时候你只需要看看评论就可以找出哪个适合自己的水平。

（五）重新分配课堂时间

在慕课模式的教学中，课堂的大部分时间是由学生支配的，这种教学模式是否成功的关键在于教师能否科学地组织课堂学习活动，从而实现课堂时间的最大化和高效化的使用。教师在课堂上讲授的时间大为减少是这种课堂模式的一个重要特征。把课堂时间大部分交给学生，让学生全身心地投入课堂学习活动中，仅留少部分时间给教师为学生提供具有针对性的辅导，增强课堂上学生和教师之间的交互性。

（六）转变教师的角色

这种模式的课堂实现了教师角色由知识讲授者向学习的指导者和推动者的转变。教师不再是课堂的中心，但决不能忽视教师的作用，他们仍然是学生学习的主要推动者。随着教师角色的转变，教师也将面临新课程模式带来的挑战。教师要设计简便易行且利于知识内化的课堂学习活动来促进学生的学习与进步，对教师课堂控制能力提出了更高的要求。

（七）学生协作意识和能力的培养

课堂的组织活动是高效率课堂的灵魂所在。教师设计课堂活动时要让学生协作完成学习任务，通过协作学习来完成知识的内化过程，把学生的主动性激发出来，改变传统课堂中，只需要听教师讲解，做好课堂笔记，考前认真复习就可以完成学业的方式。

三、慕课解决法学课程变革之困的探索

（一）国外法学课程设置

1. 法学课程应与人文社会课程相融合，这是法学发展的必然趋势

美国著名法理学家博登海默说过："作为整个人类生活的一部分，法律不是存在于真空之中，不是孤立的学科领域，不能够与其他分支学科、特别是其他社会科学相脱离。"耶鲁法学院教授罗伯特·戈登认为，在全美国所有法学院中，耶鲁法学院对法律人才的定义是最宽泛的：耶鲁法学院认为法律人才不仅是为公司和私人提供法律专业知识的人，他们也是国家政策制定者、社会制度的改革者。这种理念反映到法学教学内容的设计与安排上，就要求不应单纯强调法律专业知

识的传授，更应该强调学生在政治学、经济学、哲学和历史学等方面知识的获取。耶鲁法学院的课程设置充分反映了上述思想，通过将法学学科和人文社会的其他学科相整合，使得法学教育更加高效。哈佛商学院和耶鲁法学院之间还开创性地建立了"法律—商业"合作项目，开设了如法律与社会学、法律与经济学、法律与心理学、法律与文学、法律与政治等课程。

2. 模糊部门法之间的界限

耶鲁法学院课程内容的安排打破了部门法之间严格划分的状态，部门法知识的融合性学习使学生全面观察和分析问题的能力得到提高。在教学内容的具体组织上，则根据当时社会存在的政治问题、社会问题和经济问题等来统筹安排。如劳动法课程的设置不再局限于劳动法规则本身，而是把劳动合同的签订、履行过程中可能涉及的纠纷种类以及解决办法，融入侵权法、行政法甚至是刑法问题。

3. 班级规模小，采用小班授课法

20世纪60年代，耶鲁法学院开启了小班教学模式。耶鲁法学院每年的法律专业招生人数在200人左右，每个小班限定人数不超过17人。在第一学期，一年级学生只学4门主课：宪法、侵权法、合同法、程序法，并且，每一门课都需要几位教授同时讲授。在小班课程的讲授中，教授们不仅负责教授专业课程，还要指导学生撰写法律文书、讲授法庭辩论技巧，可以说，小班是"传道、授业、解惑"的最佳场所，是耶鲁法学院精英教育的集中体现。

（二）慕课对法学教育课程设置的调整

依托现有的慕课平台资源建设教师与学生之间双向的自主课程体系。实现慕课的学习部分是由学生自己完成，回归到教与学的本质关系。在这种课下网上平台与课上结合的新型模式下，可以给学生自由，让学生在教师的指导下完成学习任务，在这个转变过程中教师起着重要的作用，需要教师调整课程安排，转变教学重点，完善课堂内容。以刑法学课程为例，它需要教师重新制订教学计划，对刑法学教学大纲重新编写，需要考虑慕课与课堂教学之间的融合性，合理划分出线上与线下的内容模块,根据教学目标分配课时在课下完成的比例。

还需要建立与课程分配相一致的考核制度，两种不同的考核标准与线上线下课程相对应，重新审视课程教材是否能适应与慕课相连接。另外，教师要在每门课程中向学生推荐合适的拓展性课程用来开阔学生的视野，增强学生的法学素养。

　　慕课区别于一般的公开课如网易公开课的重要方面是它不仅仅是把课堂内容通过网络进行传输，而是改变了传统的教学模式，在慕课学习的过程中通过精巧的设计让学生能参加到慕课中去，可以帮助高校开展翻转课堂的实践。翻转课堂的内涵是把基础性知识的学习交给学生在课下完成，在课堂上具体来运用课下学习的知识。

　　依托慕课平台对课程学习效果的考核，进一步完善对学生的考核体系。科学合理的课程考核也能激发学生学习的热情，是高效完成课程的重要保证。与慕课的评价体系相统一，法学课程的考核可以更加科学合理。慕课的考核方式是在学习的过程中不断地提问，学生只有看了题目以后提交答案或者选择忽视题目，课程才可以继续进行，在提交答案后马上就可以知道自己是否回答正确。在慕课平台学习的课程可以不再设置额外的考核方式，只需要保证学生做完了慕课上的问题，简单的方式是由学生截图提交给教师检查，也可以学校与慕课平台合作，在课程中嵌入相关技术，使学生必须提交答案。

参考文献

　　[1] 潘国和. 中外法学教育比较研究 [M]. 上海：华东师范大学出版社，1992：33.

　　[2] 穆丽霞. 耶鲁法学院现实主义法学教育观及其对中国法学教育的启示 [J]. 中国石油大学学报，2016（3）.

中外合作办学项目中学生英语能力的培养
——以天津商业大学TUC-FIU合作办学项目为例①

杨晓莉　孟庆升②

摘　要：本文以 TUC-FIU 合作办学项目为研究对象，分析目前大学生英语能力培养方面存在的问题，总结该项目在英语教学中所做的改革与探索。

关键词：中外合作办学项目；学生英语能力；TUC-FIU 合作学院

一、TUC-FIU 合作学院简介

TUC-FIU 合作学院于 2007 年成立，是天津商业大学和美国佛罗里达国际大学合作办学项目，以培养应用型、复合型、创业型和国际化的酒店管理高级专业人才为目标。从第一届学生 39 人到目前每届学生大概 280 人，生源数量的增加从一个侧面反映出该学院逐步得到了学生和家长的认可。从毕业去向来看，主要有两个去向，一部分是考取国内外知名大学的研究生，另外很大一部分学生从事与酒店专业相关的工作，如国内外知名酒店、油轮公司以及旅游集团等，且该部分

① 本文是教育部国际酒店管理人才培养创新实验区课题（编号：高教函〔2009〕教育部酒店管理人才培养创新实验区）的成果之一。

② 杨晓莉，天津商业大学 TUC-FIU 合作学院，助理研究院。孟庆升，天津商业大学外国语学院教授，研究方向为翻译理论与实践。

的学生人数呈直线上升趋势，这从另一个侧面反映出该项目在一定程度上得到了业界的认可。

二、TUC–FIU 合作学院学生英语能力现状分析

TUC-FIU 合作学院在教学上采用"2＋2"模式，即前两年教学由天津商业大学负责，学生必须完成美方规定的学分，并且在前两年的英语听、说、读、写四个方面培训的基础上，达到美方指定的托福成绩，方可进入后两年的专业课学习。专业课教学由美国佛罗里达国际大学负责，教师由美方派送，纯英文授课，教材、上课内容以及考核标准均与美方一致，由此可见该项目对学生英语能力要求甚高。但从实际情况来看，学生在英语听、说、读、写四方面的能力发展是不平衡的。虽然该学院在业界享有很好的声誉，英语教学上也取得了一些成绩，但仅通过前两年的英语培训，学生的整体英语能力和专业课的要求还是存在一定差距。下面将从学生的托福成绩和英语能力培养的问卷调查两个方面探讨该学院在英语教学所取得的成绩，以及存在的差距。

（一）托福成绩分析

托福是一项语言能力测试，考查学生是否具备足够的语言综合运用能力，以期在美国完成正常的学习和研究工作，托福考试不仅关注对语言结构和形式的认知能力和理解能力，而且更强调语言的表达能力和交际能力。通过对 TUC-FIU 合作学院的学生托福成绩的分析，我们发现学生托福成绩整体处于中等（63～89 分），高分（90 分以上）的人数太少，口语和写作部分的成绩都要弱于阅读和听力。

（二）TUC–FIU 合作学院学生英语能力培养的问卷调查分析

为准确了解学生进入专业课阶段后在英语能力方面存在的问题，我们在大二学生中随机抽取了一个班的全体学生做问卷调查。该班学生 36 人，发出问卷调查表 36 份，收回 36 份。问卷共涉及 7 项内容：① 你认为自己英语学习中最薄弱的环节是什么；② 进入专业课学习前，你对酒店管理知识的了解有多少；③ 前两年的英语教学所使用的资料能否帮助你扩大知识面；④ 你对我院年轻英语教师的评价如何；

⑤ 你认为英语成绩管理体系改革（平时成绩由 30%提高至 70%）能否帮助学生关注英语学习过程；⑥ 英语第二课堂对学生英语能力的提高是否有帮助；⑦ 你对英语教学的建议是什么。通过对学生反馈情况的分析，我们得到了如下几点反馈。

1. 学生信息输出能力要弱于信息输入能力

问卷的第 1 项调查学生在听、说、读、写中哪项最薄弱，有 30.6%认为在说的方面薄弱，分别有 27.8%认为是听和写，只有 13.9%认为在读的方面比较薄弱。说和写体现学生信息输出能力，听和读体现信息输入能力，综上可以看出学生在信息输出能力要弱于信息输入能力，这一点与上文对学生托福成绩分析的结果一致。

2. 前两年的英语教学与酒店管理专业知识相关系数小

在第 2 项调查学生进入专业课前对专业知识了解程度中显示，52.8%认为一般，36.1%认为很少，还有 11.1%对专业知识根本不了解，从侧面看出前两年教学中我们有必要给学生灌输一定的专业知识。在第 3 项调查前两年的英语教学能否帮助学生扩大知识面，61.1%认为基本做到，还有 30.6%认为没有做到，2.8%认为相差甚远。如果我们能在英语教学中适当加入一定专业知识方面的语料，就正好满足学生的需要。

3. 英语教学改革取得初步成功，但仍需要继续改进

问卷中第 4～6 项调查该项目年轻英语教师、英语成绩管理体系改革和第二课堂情况，这些均属于该项目英语教学改革的一部分。在第 4 项中，分别有 69.4%和 16.7%认为该项目英语教师认真负责，勇于创新；在第 5 项中我们可以得知 92%认为英语成绩管理系统的改革有利于学生关注英语学习过程；在第 6 项关于英语第二课堂的调查中，只有 2.8%认为对学生英语学习没有帮助。由此可见英语教学改革基本上得到了大部分学生的认可，但还有一些问题值得我们注意。例如，在第 6 项的调查中虽然有 97.2%认可第二课堂，但其中有 75%的学生认为第二课堂对英语学习的帮助只是一般，这就说明第二课堂仍有需要改进的地方，关于第二课堂将在下文有更详细的说明。

4. 改进英语教学，我们须更进一步关注学生的需求

问卷的第 7 项是一道主观题，只有 9 人给予回答，其中 6 人建议给学生提供口语练习的机会，2 人建议作业增加创新性，由此我们可以看到学生对提高口语能力的渴望，以及要求转变传统教学模式的呼声，即以教师为中心转向以学生为中心的教学模式。

由此可见，虽然目前该项目的英语教学取得一些成绩，但是学生的实际英语能力和专业课要求之间还是存在很大差距，英语教学和学生需求存在一定距离。为拉近这种差距，研究学生英语能力的培养还是非常有意义的。

三、美国外语教学委员会的"The Five Cs"标准

美国外语教学委员会（American Council on the Teaching of Foreign Languages）制定了一个"The Five Cs"标准，以检测外国学生应具备的 5 种英语语言能力，即交流（Communications）、文化（Cultures）、联系（Connections）、对比（Comparisons）、社团活动（Communities）。

在上述"The Five Cs"标准中，交流（Communications）被认定是语言学习的中心。学习外语，不单单要知道它是什么，更要关注它能做什么，如何通过这种语言与他人进行交流获取信息。为确保有效的沟通，对目标语文化的了解认识就显得很重要了。文化（Cultures）"制约着语言的形式，不断地将自己的精髓注入语言之中，成为语言的文化内涵，成为语言表现的基本内容"。文化差异必然导致语言所反映事物和观念的差异，这把跨语言交流与文化交流密切联系起来，不可避免地要涉及文化因素。通过对比（Comparisons）母语和外语的语言和文化差异，可以帮助学生更好地欣赏异国文化，了解外国人的生活方式和价值观念。了解一门外语与该国社会各个领域的紧密联系（Connections），可以帮助我们了解语言和文化是如何影响人的世界观，社会是如何影响着语言的发展变化。社团活动（Communities）可以说是语言学习的目的，通过学习外语，能在一个多语言、多元文化的国际化社会中去扩大知识面，并参加一些社团活动。

根据"The Five Cs"标准，以及上文对 TUC-FIU 合作学院学生英

语实际情况的分析，我们可以对该学院学生英语能力定义如下：通过大学前两年的英语学习，必须掌握很好的英语听、说、读、写能力，了解本国文化和异国文化之间的差异，达到能用英语顺利进行交流，能以书面或口头形式获取和传达信息，以便顺利完成大学后两年的专业课学习，建立酒店管理方面的知识网，并满足社会实践对英语方面的要求。

四、TUC-FIU 合作学院英语教学的改革与探索

TUC-FIU 合作学院的英语教学是以学生和社会需要为导向，打破了传统的英语教学模式，结合"The Five Cs"标准尝试了多种教学改革与探索，取得了一定的成效。

（一）发展英语第二课堂的学习

在"The Five Cs"标准中，社团活动（Communities）被认定为语言学习的最终目的。在 TUC-FIU 合作学院英语教学中，除正常的课堂教学外，还积极开展第二课堂活动，形成一个个英语学习的模拟小社团（Community）。所谓第二课堂，就是在课堂教学外为学生创造一个英语学习的环境和氛围，让学生的英语学习贴近生活，从而提高学生的英语能力。该学院英语第二课堂主要涉及 21 世纪报、VOA 新闻、宿舍英语角或英语沙龙等活动。从上文调查中可知，英语第二课堂已在某种程度上得到学生的认可，但仍有改进的空间。教师可以根据学生的需要和兴趣点，进一步丰富第二课堂活动的内容与形式，这将成为该学院今后英语教学研究的一部分。

（二）培养学生由考试型向过程型转变

针对学生不注重过程学习的问题，近年 TUC-FIU 合作学院对英语成绩管理系统进行了大刀阔斧的改革，将平时成绩所占的比例提高至 60%～80%。改革后的平时成绩由出勤、平时作业（3～5 次）、课堂小测（3～5 次）、课堂表现等多部分组成，加大了平时作业和课堂测试的比重，无形中要求学生关注平时的学习过程。

（三）注重年轻教师的培养，鼓励教学创新

年轻教师在教学经验方面可能处于弱势，可他们也拥有很多优

势，他们精力旺盛，富有激情、热情和勇气，而且视野广阔，思维灵活，认真负责，敢于创新，这一点从问卷调查第 4 项也可得到证实。TUC-FIU 合作学院注重年轻教师的培养，鼓励他们在向老教师学习的同时，大胆尝试新的教学内容和方法，制作电化教学课件，参加青年教师教学基本功大赛等活动，为他们提供了一个充分发挥自己优势与特长的平台。

（四）实行英语精英教育

所谓英语精英教育，就是选派业务水平高、经验丰富的教师，对一些英语能力出众的学生根据其特长实施因材施教与重点培养，使这些学生在参加国内重大英语赛事时脱颖而出。TUC-FIU 合作学院在这一方面也取得了优异的成绩，例如，2008 级连厚荟子同学获得 2009 年"外研社/朗文杯"全国新概念英语大赛全国总决赛季军，2009 级邱旭辉同学获得 2010 年"外研通杯"全国新概念英语大赛全国总决赛冠军，2010 级张静同学获得 2011 年"外研通杯"全国新概念英语大赛天津赛区决赛一等奖，肖尧同学则获得 2011 年"外研通杯"全国新概念英语大赛全国总决赛一等奖。这些同学所取得的成绩，为其他学生树立了良好的榜样，起到一定的激励作用。

五、结语

TUC-FIU 合作学院在英语教学中所进行的改革与探索取得了一定的成绩，但由于多种因素的制约，学生的实际英语能力与理想水平仍有不小的差距。本文以美国外语教学委员会制定的"The Five Cs"标准为依据，通过对本院学生英语能力调查问卷反馈情况的分析，总结了这些改革举措的成功之处，同时也找出存在的问题，并在此基础上拟定出培养学生由信息输入型向信息输出型转变，提高学生批评性思维和分析解决问题能力的努力方向。

参考文献

［1］American Council on the Teaching of Foreign Languages

(ACTFL). Standards for foreign Language Learning: Preparing for the 21st century. Yonkers, NY: ACTFL. http://www.actfl.org/files/public/execsumm. pdf (accessed June 7, 2010). 1996.

[2] 李润新. 论第二语言教学与第二文化教学 [M]. 北京：外语教学与研究出版社，1998：140.

[3] 孟庆升，英汉翻译中的文化障碍 [J]. 外语教学，2002：121.

"西方经济学"课程实验教学方法探析

程晶蓉[①]

摘　要: 实验教学方法是对"西方经济学"课程课堂教学的有效补充,它既能帮助学生提高学习"西方经济学"课程的兴趣和主动性、加深"西方经济学"理论知识的理解,又能提高学生创造性等综合能力。本文从开展实验教学的必要性出发,利用"供求关系实验"分析实验教学的步骤和效果,最后提出当前我国高校实验教学普遍存在的一些缺陷及改进建议。

关键词: 西方经济学;实验教学;本科教学

"西方经济学"是一门运用抽象的分析方法,通过建立模型,把复杂的现实经济问题简单化的课程,其理论性和实践性都很强,一般在本科一年级开设。但由于本科一年级学生的抽象思维能力和理论联系实际能力还较弱,因此,在面对如此抽象而空洞的纯理论时,很难深入理解,更别提用经济学理论去解释并解决现实经济问题了。

对于这种情况,教授"西方经济学"课程的教师们想出了诸多的方法,比如从板书到多媒体课件的改变、多媒体课件内容和形式的丰富、案例教学等。这些虽然都取得了一定的教学效果,但并没有从根本上改变"西方经济学"课程以课堂教授为主要的模式,缺乏学习主动性和参与性。

受 2002 年弗农·史密斯获得诺贝尔经济学奖的启发,实验教学方法逐渐走入"西方经济学"本科教学课堂中。在经济学实验中,教师根据某个经济学理论设计一个特定的场景,通过让学生扮演经济社

---

① 程晶蓉,天津商业大学经济学院讲师,研究方向为宏观经济学。

会中的各种角色，比如消费者、生产者等，使学生身临其境，在游戏式的模拟经济活动中，独立思考做出决策，并在教师的带领下分析实验结果，推导经济理论。

一、"西方经济学"课程实行实验改革的必要性

（一）调动学生学习的主动性，提高"西方经济学"课程的教学效果

传统的"西方经济学"教学往往采取的是"黑板加粉笔"的模式。课堂上，教师侃侃而谈地讲授，学生奋笔疾书地抄笔记，考试前再挑灯夜战地背笔记，但学生对所学的知识却是囫囵吞枣。这种忽视学生主动参与的"填鸭式"灌输，严重影响了学生的学习兴趣，不利于学生学习的自主性与主动性，教学效果不尽如人意。

相反，实验教学是一种直观、形象的教学手段，可以让抽象的经济学问题变得直观而具体。这种参与式教学可以让学生亲身体验虚拟市场和场景并进行决策与分析，学生由单纯的学习者转变为实验的参与者和实验结果的分析者，激发了学生的学习兴趣和主动性，使学生获得了直观的感受，改变了将经济学视为枯燥的概念分析、公式推导的观念，也加深对经济行为现象的感性认识，更好地掌握经济学的基本理论和分析方法，其教学效果优于传统的理论推导模式和案例教学方式。

（二）培养学生独立思考能力和创新能力，提高学生的综合素质

本科一年级的学生在经历了十几年的"填鸭式"教学后进入高校。他们习惯接受并牢记教师教给他们的知识点，却缺乏独立思考能力和创新能力。而当他们毕业走向社会工作岗位时，工作却需要他们具有独立解决问题的能力。

在经济学实验过程中，首先，学生需要在教师设计的情境中，根据已知的各种条件进行认真的思考和分析，做出对自己最优的选择和决策；其次，学生需要运用以前学习的分析方法、概念和原理对经济实验过程中得出的各种数据进行整理和分析；最后，学生通过小组讨论得出结论。在这个过程中，学生既复习了以往的知识，又锻炼了逻

辑思维能力，小组发言还可以锻炼学生的口头表达能力、临场应变能力和团队协作能力。而整个实验过程教师只是起了一个游戏规则制定者和指导者的作用，学生通过主动探索，自行发现和掌握相关的经济学原理，自主意识、创新能力等综合素质会得到明显的提升。

（三）提升教师的教学和科研水平

"西方经济学"实验课程对于讲授的教师要求较高，教师不仅必须具有扎实的理论基础和渊博的专业知识，而且必须具有很强的理论联系实际的能力。当实验结果偏离预期设想的时候，教师必须能够正确地解释出现偏离的原因，并引导学生得出正确的结论。在此过程中，无疑是教师再次学习和锻炼的机会。同时，在实验过程中，教师可以将实验设计和实验结论运用到科学研究中，取得一定的研究成果，做到教学与科研相长，相互促进。

二、经济学实验的发展

长期以来，经济学都被认为是一门经验科学，主要靠观察提炼、逻辑分析推理、统计和实证检验，却难以像自然学科那样通过实验的方法来验证和发展。萨缪尔森曾经在《经济学》一书中写道："一种发现经济法则的可能的方法就是通过可控制的实验，但不幸的是，经济学家不容易控制这些重要的影响因素，因此无法进行类似化学家或生物学家所做的实验。"

1738 年伯努利进行了"匹兹堡悖论"的实验，可以认为是最早的利用实验的方法研究经济学理论的探索。但是自此之后有关实验经济学的研究并没有展开。一直到 1948 年爱德华·张伯伦在哈佛大学的课堂上进行了"检验完全竞争的新古典理论"实验以后，实验的研究方法才逐渐引起经济学家们的兴趣。不同的经济学家在不同的领域利用实验的方法展开了一系列的研究。其中，西格尔和弗莱克利用实验的方法对"讨价还价"进行了研究，纳什等人利用实验的方法来检测博弈论的预测力，泽尔腾等人曾利用实验方法研究寡头市场的价格形成等。

弗农·史密斯作为爱德华·张伯伦教授的学生，在参加了爱德华·张伯伦教授的课堂实验之后受到了很大的启发。当他进入大学任教之后便在自己的课堂上完成了有关拍卖、竞争性市场机制等一系列实验。1962 年，弗农·史密斯教授的《竞争市场行为的实验研究》一文发表，其对市场竞争均衡理论的实验过程和经济学研究实验方法进行了总结，标志着实验经济学的诞生。2002 年弗农·史密斯获得诺贝尔经济学奖，奖励他运用实验技术在制度经济学、信息理论和市场行为等研究领域取得的卓越研究成果。此后，经济学研究的实验方法得到了长足的发展。

三、本科经济学实验步骤和效果——以"供求关系实验"为例

与物理实验、化学实验等自然学科实验以某样物质作为实验对象不同，经济学实验的实验对象是具有复杂思维特征的人类。实验人员的差异会给实验结果带来差异，因此实验设计的合理性尤为重要。

（一）设置情景

在一个阳光明媚的星期六早晨，在苹果农贸市场上，所有的同学们被分为两组进行交易，一组是苹果的销售者，一组是苹果的购买者，两组人数大致相同，每人只能购买或销售一个苹果，每个人的目标都是自身收益的最大化。

与现实情况相同，每个销售者的卖方成本（卖方生产商品时所花费的最低成本）是不完全相同的。我们假设成本为 13 元的有 10 位同学，成本为 18 元的有 10 位同学，成本为 23 元的有 10 位同学，成本为 28 元的有 10 位同学。

同样，与现实情况相同，每个购买者的买方价值（卖方购买商品时所愿意支付的最高价格）也不完全相同。我们假设买方价值为 35 元的有 10 位同学，买方价值为 30 元的有 10 位同学，买方价值为 25 元的有 10 位同学，买方价值为 20 元的有 10 位同学。

买方和卖方都在同一时间出价。对于销售者来说，如果出价高于成交价格（均衡价格）苹果无法销售，卖方收益（生产者剩余）为 0；如果出价低于成交价格，卖方收益（生产者剩余）=均衡价格－卖方成本。对于购买者来说，如果出价低于成交价格，买不到苹果，买方

收益（消费者剩余）为 0；如果出价高于成交价格，买方收益（消费者剩余）=买方价值－均衡价格。

（二）观察现象

通过观察买卖双方的交易，学生会看到在几轮的实验中虽然每个同学都变动了自己的出价，但是成交价格一直固定不变。

（三）发现问题

通过观察，学生会发现问题，提出疑问。为什么我的出价高低不会影响市场均衡价格的形成？为什么有几个同学，不论出价多少，都不会获得收益？

（四）提出假设

学生根据已有的知识和经验，对所发现的问题提出假设。学生意识到成交价格取决于卖方成本和买方价值。学生会提出假设：均衡价格是卖方成本和买方价值的交点。

（五）逻辑推理

学生在原有经济学知识的基础上，通过演绎、推理对所提出的假设进行分析。从卖方的角度分析，价格低于 13 元，没有人愿意销售苹果；价格介于 13～18 元之间，卖方成本小于等于 13 元的销售者愿意销售，供给量为 10；价格介于 18～23 元之间，卖方成本小于等于 18 元的销售者愿意销售，供给量为 10+10=20；价格介于 23～28 元之间，卖方成本小于等于 23 元的销售者愿意销售，供给量为 20+10=30；价格大于 28 元，卖方成本小于等于 28 元的销售者愿意销售，供给量为 30+10=40。

从买方的角度分析，价格高于 35 元，没有人愿意购买；价格介于 30～35 元之间，买方价值大于等于 35 元的购买者愿意购买，需求量为 10；价格介于 25～30 元之间，买方价值大于等于 30 元的购买者愿意购买，需求量为 10+10=20；价格介于 20～25 元之间，买方价值大于等于 25 元的购买者愿意购买，需求量为 20+10=30；价格小于 20 元，买方价值大于等于 20 元的购买者愿意购买，需求量为 30+10=40。

卖方成本和买方价值在 23～25 元之间重合，此时供给量和需求量相等，均为 30。因此，均衡价格介于 23～25 元之间，均衡数量为

30。

（六）验证假设

通过逻辑推理环节，如果发现假设不成立，则再次提出假设；如果发现假设成立，则进入下一环节。通过上一环节的逻辑推理，验证了第4个环节提出的假设。

（七）得出结论

学生得出结论，教师进行进一步的总结和深化，最终结论为：均衡价格是卖方成本和买方价值交点，如果卖方成本过高或者买方价值过低，会导致无法成交。

（八）运用实验结果

教师引导学生运用结论进一步去解释其他类似的经济现象，如分析我国的房地产市场、某些季节性商品市场等，加深学生对这一问题的理解和解决实际问题的能力。

四、当前实验经济学课程存在的欠缺及改进建议

（一）跨专业联合研发"实验经济学"教学软件

当前，"实验经济学"的应用软件并不多，而且存在一个通病，那就是软件设计人员往往并不是教授"西方经济学"课程的教师，甚至有可能根本没学过经济学相关知识；而教授"西方经济学"课程的教师又不懂软件设计。这就造成软件设计存在诸多不合理的地方，有时软件给出的实验结论对课程的进一步展开和理论推导根本没有任何的帮助。因此，开展跨专业联合研究势在必行，需要结合"西方经济学"教师和软件设计人员双方的优势，共同开发一款适合本科学生使用的"实验经济学"软件。

（二）"西方经济学"课程与"实验经济学"课程的融合

一般高校都是在大学一年级的时候开设"西方经济学"课程，而到了大学三年级或者四年级才开设"实验经济学"课程。这样的结果就是，学生在上"实验经济学"课程以前就已经知道了相关的理论知识，在实验过程中造成先入为主的心理趋势，影响学生的决策行为，最终导致学习效果大打折扣。如果能够把"西方经济学"课程和"实

验经济学"课程结合起来开设，在讲授某些理论知识之前先让学生做实验，然后结合实验结果分析产生结果的原因，随着实验结果的展示和讲解，自然切入所要讲述的主题，最终和学生一起总结得出理论。这样一方面可以提高学生学习的主动性，另一方面学生自己总结出来的理论可以记得更牢固，运用起来也会更自如。

五、结语

"西方经济学"是一门"经世致用"的实用学科，与社会生活密切相关，教学的目的不仅仅是让学生掌握"西方经济学"相关概念、原理，更重要的是培养学生分析和解决现实经济问题的能力。实验教学方法可以提高学生学习兴趣和主动性，引发学生的创造思维和探索精神，它和课堂讲授方法相辅相成、相互促进，可以帮助学生更好地深入理解并掌握"西方经济学"知识的同时，提升学生的综合能力。

参考文献

［1］吕晓英. 实验教学在西方经济学课程中的应用研究［J］. 中国电力教育，2013（16）：127—128.

［2］唐雪峰. 实验经济学研究方法探析［J］. 经济评论，2006（4）：23—27.

［3］秦海英. 实验与行为经济学［M］. 北京：中国财政经济出版社，2010：9—12.

MOOC+自主学习环境下的英语写作教学新尝试①

刘淑梅②

摘　要：网络普及和信息技术的发展给教育领域带来新的发展空间。慕课（MOOC）课程不断增加和完善，使得学习者在对碎片化知识吸收的同时，也可以针对自己的薄弱环节进行巩固和提高，从而对全面系统掌握学科知识起到关键作用。另外，专业性较强的网站，如批改网的出现从扩展训练的角度对英语学习者的自主学习提供了较为全面的指导和评阅，提交的作文能在第一时间得到网络的自动评阅，极大地提升了学习者对写作练习的兴趣和动力。同时，网络也为教师的课堂教学提供了非常丰富且新鲜的素材，使得教学更加有针对性。新形势下，如果能把 MOOC 网络课程和现实课堂以及网络自主学习环境结合起来，其结果值得期待。

关键词：慕课（MOOC）；自主学习；英语写作

一、引言

网络普及和信息技术带给人们工作和生活便利的同时，也给广大的学习者带来了新的活力和兴趣。慕课（MOOC）网络课程把枯燥繁杂的系统内容分成简洁易懂的碎片式知识点，生动活泼地提供给学习

---

① 本文系天津商业大学教改项目（编号：60203-15JGXM61）的成果。

② 刘淑梅，天津商业大学外国语学院副教授，研究方向为英语语言文学、教育学、跨文化交际学。

者，既弥补了教师面授稍纵即逝的缺陷，又很大程度上满足了不同学生对不同层次知识的需求。MOOC 的大规模（massive）、开放（open）、在线（online）、课程（course）理念所孕育出的多元化课堂有着超越传统课堂的活力和价值，推动着教育领域的改革和创新。借助 MOOC 课程，教师们开始尝试翻转课堂、混合式、研讨式、多模态化、合作型等多样化、个性化的教学方法。

英语写作课程历来都是费力不讨好的课程之一。一方面，学生觉得课程内容无新意，教学手段枯燥，除了课上练习就是课下写作，兴趣感和乐趣感不强。另一方面，教师备课任务繁重，准备材料、查找话题、提供范文等耗时耗力。最令人头疼的是学生作业的批改，三到四个班的作业收上来，全批全改几乎不可能；但是不全批全改又怕伤了学生的写作兴趣，于心不忍。只好硬着头皮克服自身困难翔实批改，最终却发现学生拿到教师批改后的作文时大都是往旁边一扔，不会再看，只当是一次作业而已。这样的循环往复，受伤的不仅是学生，同时也包括教师。

庆幸的是，互联网上作文自动评阅系统的出现及时提供了解决办法，为教师批改作文提供了有力的保障，也为学生的自主学习提供了强大的支持。当前的大学英语写作教学中，越来越多的教师关注并使用了网络在线自动评分系统，如 iWrite、批改网等。教师们可以结合线上、线下、课内、课外等不同场所发挥的作用和功能，充分挖掘现代教育技术及移动网络终端的应用潜力，培养学习者对英语写作自主学习的兴趣，使学生逐步接受并习惯自主学习的快捷和方便所带来的优势。

如何把 MOOC 课程和自动评阅系统结合起来，既能提高学生的自主学习兴趣，又能使教师充分利用课内时间，更有针对性地对学生进行个性化辅导，这是写作教师们目前面临的一大挑战。

二、理论依据

加拿大学者乔治·西门子（George Siemens）和斯蒂芬·唐斯（Stephen Downes）于 2008 年开设了网络课程"连接主义和连接的知

识"，吸引了 2 200 多名学生注册学习。此课程是关于并基于 George Siemens（2005：3）提出的连接主义（Connectivist）学习理论。他认为，学习能在网络环境中得以实现。网络环境下，学生可以借助数字化平台，如博客、维基等，与学习内容、学习社区以及其他学习者相互连接和交流的过程中创造和建构出自己的知识。

慕课课程以培养学生建构自己的知识和认识为目标，提供给学习者参与和分享的机会和场合。学习者可以在课程学习的各个环节发表个人见解，并通过阅读其他学习者意见和看法的方式，对所学课程进一步分析和理解，从而构建起自己的知识结构。辅之以课堂上教师的重点讲解及释疑，学生的学习效果会得到很大程度的提高。

瑞士著名心理学家皮亚杰（1997）提出的建构主义学习理论认为，学习者获得知识并非是通过教师传授得到，而是学习者在一定的情境即社会文化背景下，借助教师或学习伙伴的帮助，利用必要的学习资料，通过意义建构的方式而获得。因此，学习者根据自身经验去建构有关知识意义的能力尤为重要。建构主义认为，学习应该是以学生为主体，由学生主动去建构相关知识；教师是意义建构的引导者和促进者。因此，教学应该以学习者为中心设计相关环节，发挥学习者的主观能动性，使其在和其他同伴的互动中不断地探索和发现知识并在实践环节加以运用和巩固。慕课课程以及其他网络学习平台为学习者提供了自主学习自我发现知识的良好环境。

英国开放大学学者吉利·萨蒙（Gilly Salmon）（转引自汪琼，2006）认为学生进入网上主动学习状态常常需要一个过程，大体上要经历五个阶段，如图 1 所示。

在这五个阶段中，学生首先要会使用课程软件，访问课程网站；然后在网上寻找可以交谈的人；在第三阶段，他们可以为课程的其他同学提供资料，不过在此阶段之前，包括这个阶段，都还是自己做自己的事情，完成自己的目标；在第四阶段，学生会参与与课程内容相关的小组讨论，产生更多合作性质的交流；在第五阶段，学生开始反思网上学习过程，考虑将网上教学与其他学习形式结合，更好地完成个人目标（汪琼，2006）。另外，教师可以按照学习者的不同特征设计并组织教学活动，帮助学生获得相关经验和自信，最终取得良好的学习效果。

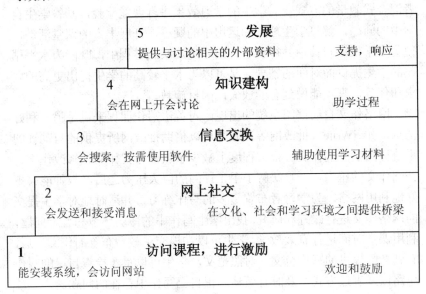

5　　　　　　　　发展
提供与讨论相关的外部资料　　　支持，响应

4　　　　　　　知识建构
会在网上开会讨论　　　　　　　助学过程

3　　　　　　信息交换
会搜索，按需使用软件　　　　辅助使用学习材料

2　　　　　网上社交
会发送和接受消息　　　在文化、社会和学习环境之间提供桥梁

1　　　访问课程，进行激励
能安装系统，会访问网站　　　　　　　　欢迎和鼓励

图 1　Salmon 模型

三、英语写作教学新尝试

（一）教师利用网络环境尝试新的教学方法

现阶段，网络上已经发布了多门 MOOC 写作课程。学堂在线平台提供了由加州大学伯克利分校开设的"英语写作指导Ⅰ"，斯坦福大学开设的"科学写作"，清华大学开设的"生活英语读写""英文科技论文写作与学术报告"等。中国大学 MOOC 平台提供了由国防科技大学开设的"大学英文写作"，吉林大学开设的"大学英语过程写作"等课程。这些课程均为免费开放课程，为广大的英语学习者提供了丰富的学习资源。

鉴于 MOOC 课程短小精炼、碎片式学习的主要特征，学习者可以自由选择学习的时间，随时随地进行短时间的学习，对写作技巧进行逐个训练逐个掌握。结合教师课前布置的有针对性的练习和作业，学生学习有较好的方向性和目的感。另外，教师可以采用翻转课堂或者混合式教学的方式，对学生的学习效果进行课堂检验，回答学生自学中的问题，解答学生理解和运用中的疑惑，开展丰富的课堂活动，使更多学生参与其中并得到学习的乐趣。实践过程中，既能为水平稍差的学生提供面对面的辅导，又可以为水平较高的学生提出更高的要求和任务，真正能做到有的放矢，因材施教。

网络作文自动评阅系统的出现，对英语写作课程来说是另一利好消息，如 iWrite、批改网等。教师可以借助批改网所提供的自动评阅系统评阅学生的作文，很大程度上减少了教师布置作文、修改作文、评阅作文的压力。一旦缓解了手工评阅的巨大压力之后，教师能够更好地利用网络，为学习者布置更多的写作练习，并适时地对学生提交的网络作文进行跟踪和研究，找出学生写作中的薄弱环节和普遍问题，利用课堂时间进行有效教学。学生可以在提交了教师布置的作文之后，看到教师提供的写作范文。对照范文，学生可以重新检查自己的写作思路以及表达方式，及时有效地纠正自己写作中存在的问题。

（二）学生利用网络环境加强自身知识的建构

MOOC 与网络作文自动评阅系统的结合，给英语写作的教与学带来了双赢的学习效果。在教师的引导下，学习者的学习方式渐渐地发生了转变。以往课堂上被动地听讲，现在变成了主动学习；以往对教师布置作业的反感，现在变成了学习的乐趣；以往枯燥沉闷的课堂，现在变成了合作学习及交流的场所。在不断的练习和交流中，学生的成绩逐渐得到了提高。

（三）学生的自主学习兴趣由弱变强

MOOC+网络作文自动评阅系统带来的另一优势是学生的学习兴趣得到了较好的加强。学生可以利用零散时间对 MOOC 课程进行学习，之后把所学的语法语言知识运用到自己的写作之中。对教师布置的网络作业，学生不再反感，而是时时关注网络作业，及时提交，得到自动评阅之后，对自己的写作进行多次修改。在修改的过程中，对语言语法错误得到有效的纠正。

　　图2、图3中的提交次数一栏，反映出学生写作的积极性。表1、表2反映学生写作能力的变化。作文提交后，网络会自动对其进行评阅，并指出文中存在的错误及问题。学生得到反馈后，会主动修改错误，并进行再次提交。多数学生会反复修改，直到自己比较满意为止。图4选取了图3中第一位学习者的修改及得分情况。

　　从图4中可以看出，经过64次的修改之后，此同学的作文成绩由最初的65分上升到76分。虽然最终成绩依然不高，但是对于基础比较薄弱的学生来说，也是一个很大的进步。

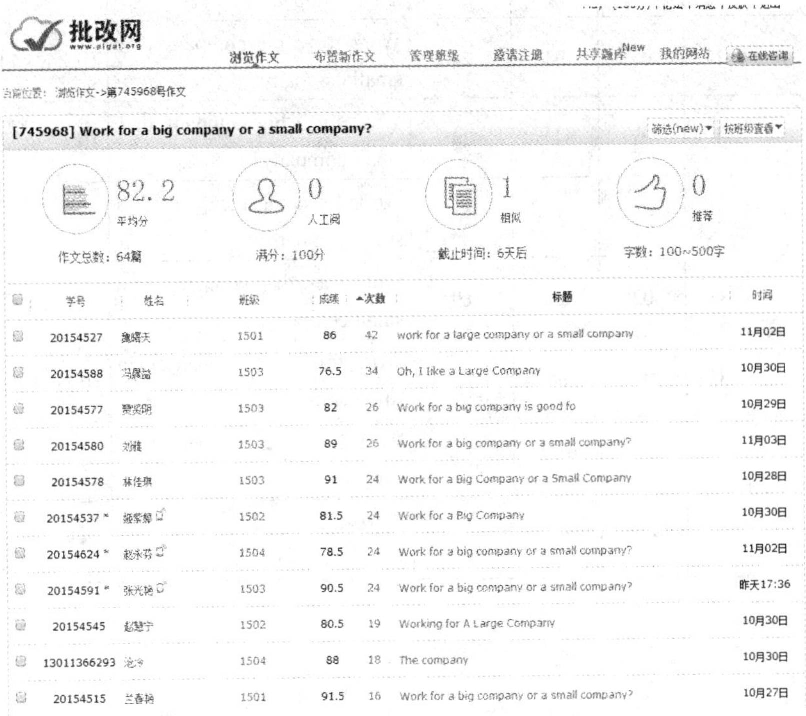

图 2　批改网的作业截图 1

表 1   作业截图 4 中写作能力的比较

序号	姓名	班级	成绩	提交次数	作文题目	提交时间
1	A	01	85.5	41	Work for a big company or a small company	10 月 30 日
2	B	03	76.5	36	Work for a big company or a small company	10 月 30 日
3	C	03	82	26	Work for a big company or a small company	10 月 29 日
4	D	03	91	24	Work for a big company or a small company	10 月 28 日
5	E	02	81.5	24	Work for a big company or a small company	10 月 30 日
6	F	03	86.5	20	Work for a big company or a small company	10 月 28 日
7	G	02	80.5	19	Work for a big company or a small company	10 月 30 日
8	H	04	88	18	Work for a big company or a small company	10 月 30 日
9	I	01	91.5	16	Work for a big company or a small company	10 月 27 日
10	J	03	86	15	Work for a big company or a small company	10 月 30 日

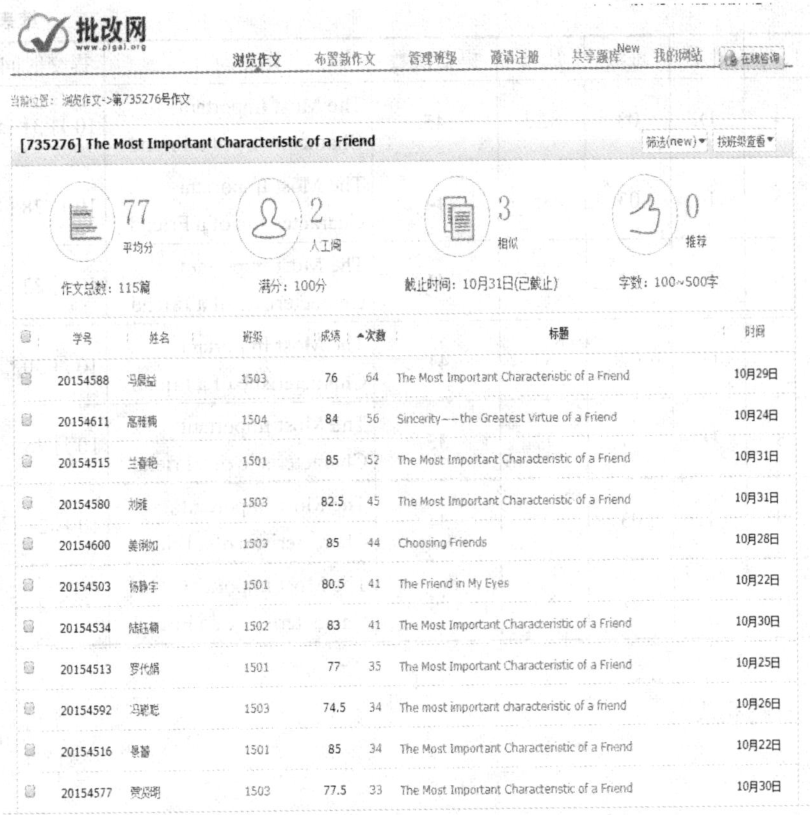

学号	姓名	班级	成绩	次数	标题	时间
20154588	冯晨益	1503	76	64	The Most Important Characteristic of a Friend	10月29日
20154611	高雅楠	1504	84	56	Sincerity——the Greatest Virtue of a Friend	10月24日
20154515	兰春艳	1501	85	52	The Most Important Characteristic of a Friend	10月31日
20154580	刘薇	1503	82.5	45	The Most Important Characteristic of a Friend	10月31日
20154600	姜俐伽	1503	85	44	Choosing Friends	10月28日
20154503	杨静宇	1501	80.5	41	The Friend in My Eyes	10月22日
20154534	陆钰楠	1502	83	41	The Most Important Characteristic of a Friend	10月30日
20154513	罗代娟	1501	77	35	The Most Important Characteristic of a Friend	10月25日
20154592	冯聪聪	1503	74.5	34	The most important characteristic of a friend	10月26日
20154516	晏蕾	1501	85	34	The Most Important Characteristic of a Friend	10月22日
20154577	贾炅明	1503	77.5	33	The Most Important Characteristic of a Friend	10月30日

图 3　批改网的作业截图 2

表 2　作业截图 5 中写作能力的比较

序号	姓名	班级	成绩	**提交次数**	作文题目	提交时间
1	A	03	76	**64**	The Most Important Characteristic of a Friend	10 月 29 日
2	B	04	84	**56**	The Most Important Characteristic of a Friend	10 月 24 日
3	C	01	85	**52**	The Most Important Characteristic of a Friend	10 月 31 日

续表

序号	姓名	班级	成绩	提交次数	作文题目	提交时间
4	D	03	82.5	45	The Most Important Characteristic of a Friend	10月31日
5	E	03	85	44	The Most Important Characteristic of a Friend	10月28日
6	F	01	80.5	41	The Most Important Characteristic of a Friend	10月22日
7	G	02	83	41	The Most Important Characteristic of a Friend	10月30日
8	H	01	77	35	The Most Important Characteristic of a Friend	10月25日
9	I	03	74.5	34	The Most Important Characteristic of a Friend	10月26日
10	J	01	85	34	The Most Important Characteristic of a Friend	10月22日

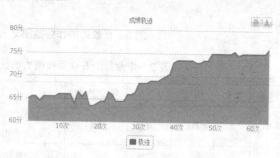

图4　学生修改及得分情况

四、结语

英语写作课程一直以来都被教师和学习者们看作是压力较大的课程之一，因为此课程内容教条、规则较多、课堂沉闷、训练性较强、作业繁多，给学生带来反感的同时也给教师带来巨大的工作量。幸运的是，网络课程及应用软件的出现扭转了这种尴尬的局面，给教师和学习者带来了积极的变革。慕课课程和网络作文自动评阅系统的结合，使得英语写作课程不再枯燥，实现了教与学两方面的共赢。

参考文献

［1］Morrison，Debbie. The Ultimate Student Guide to xMOOCs and cMOOCs[EB/OL]. Retrieved from http://moocnewsandreviews.com/ultimate-guide-to-xmoocs-and-cmoocso/#ixzz3F5f3j3Dd on Nov. 4，2016.

［2］Siemens，George. Connectivism: A Learning Theory for the Digital Age[J]. Instructional Technology & Distance Learning，2005，2(1)：3—10.

［3］批改网. http://www.pigai.org.

［4］皮亚杰. 发生认识论原理［M］. 北京：商务印书馆，1997.

［5］汪琼. 网上教学成功四要素［M］. 北京：北京大学出版社，2006.

浅论情境问题教学法在经济学教学中的运用①

王继平②

摘　要: 如何有效地引导学生用经济学的思维方式思考现实经济问题，是大学经济学教师面临的一个难题。笔者的教学试验显示，情境问题教学法是解决这个难题的一种行之有效的办法。

关键词: 传统教科书问题；情境问题；认知师徒制

一、引言

大学经济学教师面临的一个重要问题，就是如何有效地引导学生用经济学的思维方式思考现实经济问题和做出决策。两年前，笔者偶然读到美国圣凯瑟琳大学（St. Catherine University）经济学教授珍妮·班丝（Joann Bangs）将情境问题运用于经济学教学的论文③，便萌生了尝试的念头。教学试验发现，情境问题教学法在实现学生"像经济学家一样思考问题"方面有很好的效果。

二、什么是情境问题

为情境问题下定义有些棘手，但是，对比传统教科书问题与情境问题的区别，我们就很容易明白什么是情境问题了。考虑下面两个问题，第一个是传统的教科书问题，第二个是在传统教科书问题的基础

---

① 本文是校级教改项目"经济类专业基础核心课程改革研究与实践"的阶段性成果。

② 王继平，经济学博士，天津商业大学经济学院教授，主要研究方向为产业组织理论和反垄断政策。

③ 2006 年 5 月，在芝加哥参加"教学创新项目专题研讨会"时，珍妮教授听到背景详尽问题的想法。会后，珍妮尝试用背景详尽问题方法教学。

上改编而成的情境问题。

问题 1：如果利率为 2%，一张面值为 10 000 元的 5 年期贴现债券的现值是多少？

问题 2：假设你和妹妹刚刚继承了一张贴现债券。债券面值为 10 000 元，期限为 5 年。你愿意持有债券直到债券到期，但是，妹妹现在就想要钱。她提出卖掉该债券属于她的那一半，但是，你得给她一个公平价格。请问你提出的公平价格是多少？你是如何让妹妹相信你提出的价格就是公平价格的？

对比以上两个问题，我们可以发现，与传统教科书问题相比，情境问题有如下六个特点。

第一，一个情境问题就是一个有趣的、甚至引人入胜的小故事。故事的主角是学生，他或他们是决策主体。因此，几乎每一个情境问题都会以"你"或"你们"开头。

第二，情境问题的情境要具有现实性。比方说，假设学生是总理、总统或央行行长就缺乏现实感，但假设他们是一家洗车店的老板或者是一家咨询公司的职员的现实性就很强。

第三，在情境问题的陈述中要包括"你"或"你们"需要做某事的似乎合理的理由。例如，上面的问题中，妹妹现在就想要钱就是"你"需要平分 5 年后才到期的贴现债券的适当理由。

第四，对要回答的问题可能没有明确表达。上述问题 2 的本质与问题 1 一样，都是要计算贴现债券的现值。尽管现实世界很少会包括像"计算现值"这样的指示，但在传统的教科书问题中总会包含这样的指引。就像经济学家思考和解决现实问题一样，情境问题首先要求学生确定解决问题需要的相关概念（如现值）和理论。

第五，情境问题可能缺失回答问题所需的必要信息（即信息不足）。与传统教科书问题不同，情境问题通常并不提供解决问题所需的全部必要信息。例如，上述问题 2 并没有提供完整信息，它并没有告诉学生应该用什么利率来计算现值。相反，学生要么利用当前的利率，要么拓展他们的知识，选择一个适当的利率。

第六，情境问题往往会包括过多的不必要的信息（信息过量）。

包括过多信息反映了现实世界决策的困难，决策者必须评价可以获得的信息，必须确定哪些信息与决策相关。我们考虑下面关于完全竞争市场利润最大化问题。

问题 3：你家最近在海滩度假村开了一家洗车店。在这个度假村还有很多洗车店。你已经观察到顾客只找最便宜的洗车店，他们不在乎由哪一家洗车店洗车。你家买了设备，也建了洗车房。为此，花了家里 1 000 元储蓄，还办理了一笔小企业贷款。在接下来的三年中，贷款成本每天 15 元。为了运营，洗车店必须雇用工人，购买清洁液、车蜡等。经过研究，你已经发现了劳动成本和供给，如表 1 所示。

表 1　洗车例子：生产成本

每日洗车的数量（辆）	劳动和供给的总成本（元）	每日洗车的数量（辆）	劳动和供给的总成本（元）
1	10.67	11	90.67
2	12.67	12	106.00
3	16.00	13	122.67
4	20.67	14	140.67
5	26.67	15	160.00
6	34.00	16	180.67
7	42.67	17	202.67
8	52.67	18	226.00
9	64.00	19	250.67
10	76.67	20	276.67

你观察和调研发现，当海滩度假村在旺季时，每洗一辆车的价格为 14 元；但在淡季时，洗车需求下降，洗一辆车的价格仅为 4.67 元。现在正值海滩度假旺季。目前，你家每天洗 17 辆车。家里人想听听你的建议。你家现在应该做什么？为什么？他们在淡季应该做什么？为什么？

为了解决这个问题，学生需要确定在旺季和淡季的利润最大化产量水平。其次，学生必须考虑在哪个季节关门歇业更好。尽管问题中也包括了家庭用其储蓄购买企业的信息，但这个花销是沉没成本，因此，与利润最大化产量决策不相干，属于过量信息。信息不足和信息过量都会提高问题的难度。

三、情境问题教学法的理论基础

认知科学家研究发现，当学生学习深层知识（deep knowledge）并清楚在真实世界和实际情况中如何运用这些知识时，知识会在学生头脑中保持得更久，他们也能够将这些知识运用到更广泛的情境中。

一是情境学习理论。研究证据显示，情境学习效果最好。米勒和吉尔迪亚（Miller & Gildea）研究显示：通过简单的阅读和听说（即在具体情境下学习），一个 17 岁的人在 16 年中每年平均能学会 5 000 个单词。与之形成鲜明的对照，通过词典上的定义和例句来学习的传统的词汇教学法，一年只能学到 100～200 个单词。更糟糕的是，学生往往不能正确地运用这些新词汇。其实，情境学习不是新思想。纵观历史，教和学都是以学徒制为基础的。在学习手艺活或者学习做生意时，师徒制是一种成功的教学工具。师傅带徒弟的过程就是在具体情境下学习的经典例子。师傅先为徒弟做示范，徒弟观察，然后，徒弟开始做，师傅指导和帮助，先做简单的，再做复杂的，循序渐进。随着时间推移，师傅的指导越来越少，最终淡出，徒弟慢慢地就学会了独立工作。师徒制的核心是在实际情境中学习，强调知识必须用来解决现实生活中的问题，因此，Brown 等将课堂教学中的情境学习过程"示范—指导—淡出"称为"认知师徒制"。情境问题教学法充分地体现了这种认知师徒关系。首先，教师示范应用经济学的方式，向学生说明在解决情境问题时的思考过程。其次，在学生解决情境问题时，教师给予指导。遵循循序渐进的原则，先从相对简单的情境问题开始，逐渐过渡到更为复杂的问题。最后，教师的指导淡出，学生能够独立地运用经济学概念和理论。

二是新手—专家问题解决模式差异理论。Chi、Feltovich 和 Glaser 关于专家和新手如何解决问题的研究（expert-novice problem solving research）显示，新手和专家在解决问题时有质的差异。例如，新手倾向于对照问题中给出的变量，找一个他们知道的公式，而专家则首先弄清楚需要什么信息，然后决定如何获得这些信息。传统教科书问题是按照新手式问题解决方法（notice-like problem solving approach）编写的。与之相反，情境问题所遵循的是专家式问题解决方法的路径。为了解决问题，学生首先需要花时间确定运用哪些经济学概念或理论，需要哪些信息，还缺失哪些信息，如何解决信息差距。Bransford、Brown和 Cocking 建议，教师应该有目的地帮助学生像专家一样思考问题。将情境问题结合进课堂，有助于学生实现这个目标。

四、编写情境问题

关于编写情境问题，笔者有下面三点体会。

首先，要关注学习目标而不是课程内容。多年的经验告诉我们，很多大学教师将学习目标和学习内容混为一谈。其实，学习目标是根本，学习内容是手段，是为目标服务的。在目标既定的条件下，内容是可以替换、更改和取舍的。贝恩（Bain）在《最好的大学教师做什么》一书中强调，最有效的教师关注的是学生能够做什么而不是他们知道的事实。这个观点类似于引导学生像经济学家一样思考的目标。换言之，从这个学习目标出发，教师关注的应该是学生如何思考而不是他们在思考什么。例如，一个学习目标可能是：学生能够将价格歧视经济理论运用于现实世界。那么，下面的情境问题有助于实现该学习目标。

你被两家不同的公司雇用为定价策略顾问。两家公司有类似的顾客，这些顾客可以分为两个群体：一个群体是大学生，另一个群体是年轻的高收入职业人士。第一家公司是一家时尚酒吧（trendy bar），目前，它将许多年轻的高收入职业人士作为顾客，仅有少数大学生光顾。酒吧开展了营销活动以吸引更多的大学生，但收效不大。第二家公司是一家电子产品商店。目前，这家公司也将许多年轻的高收入职业人士作为顾客，仅有少数大学生光顾。为了吸引更多的大学生，电子产品商店也开展了营销活动，但效果并不理想。这两家公司很想知道，它们改变定价策略是否能够提高向大学生的销售，并增加它们的总利润。你要为每家公司准备一份半页纸篇幅的报告。在每份报告中，向公司提出一个建议，详细说明按照你的建议它们必须做什么，并解释为什么它们应该接受你的建议。

其次，要提出对学生而言具有现实感的问题情境。这样的情境要给出学生解决问题的理由。因为要将学生放到具体情境中，所以，情境问题往往以"你"或"你们"开头。

- 你是……需要弄明白……
- 你在度假时观察或注意到……你想知道……
- 你在看关于……电视或读一篇文章，你对……感到疑惑。
- 因为你学了经济学，你的朋友请你帮忙……
- 暑假时你在一家公司打工。因为你学了经济学，你的老板请你……
- 大学一个研究团队正在研究……他们雇用你确定……

当然，情境问题也未必局限于以上列举的通常情形。在编写情境问题时，也可以创设一些不同寻常的情形。下面有关寡头竞争概念的问题就是这样的例子。

你的邻居正在写一本小说。小说中的两位主要人物居住在一个小镇上，小镇只有两家饭店，他们各自经营一家饭店，相互间的竞争非常激烈。你的邻居知道你在上经济学课，他想请你帮忙。你能就小说中人物的竞争给你的邻居什么建议？请给你的邻居写一页故事情节概要。

最后，编写情境问题要把握问题的难度。确定难度需要考虑很多因素：要求学生独立完成还是以小组为单位集体完成、要求完成问题的时间长短、学生在完成情境问题方面是否已经有了一定的经验等。一个很自然的问题是，用什么办法调节问题的难度呢？笔者的经验显示，下列办法行之有效。

- 在情境问题中没有明确设定需要解决的问题，如"你应该做什么？"
- 过量信息：在问题陈述中给了比解决问题所需信息更多的无

关的信息。

- 信息不足：没有提供足够的信息和需要做出合理假设。
- 解决问题时需要不同寻常的假设。
- 问题解决需要不止一个核心概念：例如，在上面提到的洗车问题中，需要学生运用边际成本概念、利润最大化和关门歇业条件。
- 背景很不常见。

五、运用情境问题教学法的挑战

笔者的教学试验发现，运用情境问题教学法会遇到一些挑战。

第一，时间约束问题。教师在初次运用情境问题教学法时，需要花费大量时间准备情境问题。显然，编写情境问题要比写传统的教科书问题更费时费力。不过，随着教学材料的不断积累，这方面的时间会大大减少。此外，在开始引入情境问题教学法时，学生会很不适应，有一个"阵痛期"。因此，非常有必要模型化问题解决程式[①]和花更多时间指导学生，当有些学生面对问题无从下手、有挫败感时尤其如此。应对这个问题的一种办法是降低情境问题的难度。因此，遵循先易后难，循序渐进的原则对于教学成果非常重要。另一种办法是合作学习。学生互相讨论或者分组完成问题。

第二，情境问题教学法既可以运用于微观经济学，也可以运用于宏观经济学。但是，对于后者，创设真实情境更具挑战性。当我们思考宏观决策，如财政政策和货币政策时，如果我们假设学生是总理、央行行长或者财政部长，那么，这样的情境问题就丧失了现实感。因此，在宏观经济学课程中，运用不同寻常的情境尤为有用。创设一个情境，需要学生向其朋友或家人解释当前的事件是一个好办法。例如，下面的问题需要学生能够理解和解释李嘉图等价。

有一天，你在街上走着，看见你大学的同班同学正在街角与一帮

[①] Heller 等（1992）提出了一个行之有效的问题解决模式。该模式包括五个步骤：（1）问题可视化；（2）用适当的学科术语表述问题；（3）提出解决问题的计划；（4）实施计划；（5）检查和评价。

人说话。走到跟前，你听到你的朋友正抗议积累的高额政府债务。他的主要观点是：政府债务阻碍了从社会的角度看我们的国家应该做的事情，而且随着债务的不断增加，国家终将破产。突然，他看到了你，说："大家看，这是我大学同学，主修经济学。他在研究政府债务问题，能够提出专家意见。"所有的眼睛都转向你，人群安静下来。你清清嗓子，开始说话。你会说什么？写一段 5 分钟的稿子。

第三，学生经常给出令你预想不到的答案。因此，评分时会花费更多的时间。你不得不接受学生应用不同的经济学概念，而不是你在编写问题时心中想的那个概念。笔者的做法是，只要他们所用的概念与问题的情境有关，言之有理，就给满分。

六、结论性评论

教学方法的评价要以其实现所声称的教学目标的有效性作为标准。笔者几年的教学试验发现，情境问题教学法在帮助学生运用所学的经济学概念和原理解决现实世界问题方面有很好的效果。此外，该教学法也有助于将学生从死记硬背经济学术语的"泥潭"中解脱出来，有助于学生重视概念和理论的正确运用。情境问题教学法的这些优势源于其背后坚实的学习理论基础。当然，情境问题教学法的运用也面临一些挑战，但是，随着教学经验的积累，这些挑战会逐渐减弱和消失。世界上没有免费的午餐。尝试情境问题教学法初期需要额外付出的时间和精力便是我们收获学生能够"像经济学家一样思考和解决问题"的代价。

参考文献

［1］Hansen，W.L.，Salemi，M.K. and Siegfried，J.J. Use It or Lose It: Teaching Literacy in the Economics Principles Course［C］. Papers and Proceedings of the One Hundred Fourteenth Annual Meeting of the American Economic Association，2002，92(2): 463-72.

［2］Bangs，J. Teaching Perfect and Imperfect Competition with

Context-rich Problems［EB/OL］. Social Science Research Network. available at: 2007，https://papers.ssrn.com/sol3/results.cfm.

［3］Miller，G. A.，& Gildea，P. M. How Children Learn Words ［J］. Scientific American，1987，257(3): 94-99.

［4］Brown，J. S.，Collins，A. & Duguid，P. Situated Cognition and the Culture of Learning［J］. Educational Researcher，1989，18(1): 32-42.

［5］Chi，M. T. H.，Feltovich，P. J. & Glaser，R. Categorization and Representation of Physics Problems by Experts and Novices[J]. Cognitive Science 1981，5: 121–152.

［6］Bransford，J.，A. Brown and R. Cocking (eds). How People Learn: Brain，Mind，Experience，and School［C］，Washington，DC: National Academy Press，2000.

［7］Bain，K. What the Best College Teachers Do，London［M］, UK and Cambridge，MA: Harvard University Press，2004.

地方高校转型背景下的案例教学探讨：
以"国际税收"课程为例

许春淑①

摘　要：地方高校的转型发展是高等教育领域的一次深刻变革，应用型人才的培养成为高等教育面临的重要问题。地方高校转型，意味着教学手段也要进行相应的转型，以适应应用型人才培养目标的要求。本文以国际税收课程为例，提出了国际税收案例教学的实施步骤，解决的问题及其具体途径，对相关课程的案例教学具有一定的启示意义。

关键词：转型；案例教学；国际税收

一、"国际税收"课程案例教学的意义

（一）"国际税收"课程本身具有很强的应用性

国际税收是国家税收内容的延伸，课程没有高深的理论，涉及所得税和财产税的法律规范、惯例，核心是要本着税收公平原则，解决国际经济交往中出现的国际重复征税和国际避税问题，主要教学内容与实际的涉外税务部门税收工作内容的吻合度非常高，税务部门必须具备对国际避税的识别能力和国际重复征税的预防能力。同时，"一带一路"战略的推出，"走出去"将成为我国企业未来发展的"新常态"。对外投资的企业必须熟练掌握国际税收领域相关的法律、法规，进行税务结算，维护企业自身的利益。

---

① 许春淑，天津商业大学经济学院副教授，研究方向为财政税收理论与政策。

（二）有利于课堂教学的深化，培养学生的兴趣

"国际税收"课程内容比较枯燥，多是国际惯例、规则，并且与中国税制和外国税制联系紧密，自成一体。案例教学法能够把理论与实践结合起来，能够有效地将枯燥的教学内容融入鲜活的社会实践中去，从而调动学生的积极性，促使学生主动思考问题。当他们处于可以从不同角度看待事物的环境时，问题情境能够培养他们的兴趣，使他们积极寻找解决问题的办法。

（三）有利于批判性思维培养，提高大学生适应未来社会的能力

对教育者而言，教育的成败在相当程度上取决于所培养的对象能否适应不断变化的实践，培养他们判断、决策和执行的能力。批判性思维是一种探索和求知的能力，它可能在人的一生学习过程中持续发挥作用，决定了大学生离开校园后是否适应社会的需要。只有优先发展大学生的批判性思维能力，他们在实际工作中才能有效交流和解决问题。同时，在知识更新不断加快的时代，教育不仅仅是被动获得知识和技能，更重要的是提高大学生获得知识的能力。大学期间所获得的大量知识在毕业后即使没被遗忘，也会逐渐被社会淘汰，需要不断进行知识更新，更新知识的能力比获得知识的能力更为重要。

二、"国际税收"课程案例教学方法实施步骤

（一）案例的选取

选取好的案例是整个案例教学的关键。首先，应根据国际税收专业课程的教学大纲和教学目标，筛选哪些知识点适合开展案例教学，哪些知识点没有必要开展案例教学。其次，搜索、整理国内外相关的典型案例，或者直接根据第一手材料自行开发相关案例。再次，保持案例的真实性和合理性，注意内容上的起承转合。还要注重知识点之间的分布，要突出重点，形成知识结构体系。最后，本科课堂的案例分析，应结合学生特点选择案例。学生尚不具有本学科专业较为坚实的理论基础和系统的专门知识，应以学生的兴趣为主，兼顾讨论的创新性。

（二）案例教学前的准备

一是教师的准备工作，包括教师对案例的理解和深入分析，以及与案例相关的背景资料的掌握，相关知识点的合理链接。二是学生的准备工作，学生可以按学习小组集体认真阅读案例，充分理解案例所描述的事实和情节，分析案例所给出的条件和存在的问题，经过反复思考和小组讨论，提出经得起别人反驳的见解与解决问题的对策。

（三）案例的讨论

鼓励学生分别从不同角度来剖析同一问题，大胆提出自己的意见，并且相互辩论，让学生成为案例讨论的主角，充分发挥学生的主动性，独立地运用所学的知识来分析与处理案例中的问题。学生既要善于充分表明自己对问题的认识和见解，又要善于维护自己的观点，但必须做到以事实为依据，同时还应注意倾听他人的意见和观点，从而发现自己的见解有哪些长处与不足。教师则努力把握和指导好案例讨论的方向，使学生紧紧围绕着案例的主题。教师要为学生创造出一个良好的自由讨论的环境氛围，启发学生积极参与，在讨论的过程中进行必要的引导，及时发现讨论中的分歧意见，双方僵持不下时，适时引导到下一个环节，重新提出问题，促进问题的讨论和深化。

（四）案例讨论的总结

在案例讨论后，教师和学生都应对案例讨论做出总结。教师的总结一般包括：对讨论情况的总结，对学生的观点要做出恰如其分的评判，并使问题的讨论结果得以升华，开阔学生的学术视野。学生在案例讨论后，也应总结在阅读案例、案例讨论中有哪些收获，还存在哪些问题，并对讨论过程进行分析整理，写出案例分析报告。这样，既可以提高学生对案例的认识程度，又可以培养学生文字表达能力。

三、"国际税收"课程案例教学主要解决的问题

（一）课堂以教师为主转向以学生为主

第一，扭转了学生的学习观念，学生是教学的主体，不再是被动的知识接受者，从专业知识的吸收到能力的培养，从机械的应付考试到能动的处理实际问题。学生的观念更新是实践能力培养的重要基础，

学生的学习目标定位明确，不再完全依赖教师的讲授，而是能将教师讲授与自我学习相结合，自学能力大大提升，有了质疑、批判、创新的精神，敢于挑战书本、挑战教师，从而营造出民主平等、自由争鸣的学习氛围。第二，开阔了学生的学习视野。国际税收是一门涉及面比较广泛的实务类课程，为了解决案例中的实际问题，学生必须了解财税、法律、英语、金融、贸易、保险、会计等多个学科的相关知识，开阔了学生的知识视野。第三，增强了"国际税收"课程实践能力的培养。不仅学生自主学习能力显著增强，还使学生摆脱对教师的依赖思想，从简单的教师对知识的灌输转向学生对知识的深化理解，从简单的理论传授转向理论联系实际。

（二）培养了教师的学习能力，提高了教师的教学水平和教学效果

一方面，案例教学不仅要求教师使用案例，还要会编写案例，促使他们开始对自己原本已经习惯的教学内容、方法、手段等的重新思考。虽然大部分高校仍旧重科研轻教学，教学缺乏竞争和激励机制，但是大部分教师还是能够恪守职业道德，对于教学方法的改革投入足够的热情和精力。另一方面，促使教师走出校门，深入实际，熟悉和掌握国际税收业务的具体操作，并增强对课堂的调控能力，包括设计筹划、组织协调、交流沟通、灵活应变，甚至幽默风趣的能力。

（三）从学生个体的、单独的、封闭的学习模式转向集体的、团队的、交互式学习模式

实现对实践过程的模拟，找到了理论和实际的结合点。一方面，走出说教式的教学模式，转向双向交流的教学方法，带给学生一种全新的体验。另一方面，"国际税收"课程需要与实践结合，现有的大学实务类课程几乎没有实习基地，即使有的专业与实际单位签订了实习协议也是流于形式，实习基地并不能接收学生实习，学生几乎没有在政府财税部门或外贸企业实际操作相关国际税收结算业务的机会，这就限制了学生实践能力的培养。通过案例教学，学生不出校门就能走进实际，从而拉近理论与实际的距离。

四、解决"国际税收"课程案例教学问题的途径

（一）培养熟悉案例教学规范，能组织高水平案例教学教师队伍

在培养学生实践能力的案例教学中，教师如同导演，需要精心设计教学情境，开场时巧妙引出故事情节，何时达到故事的高潮，如何结尾，才能使学生的注意力高度集中到案例讨论中来，不仅案例的开发具有一定的文学色彩，语言表达也要具有逻辑性和艺术性，以强大的感染力控制案例讨论过程，并给予学生适当的指导，对习惯于传统教学方法的教师来说是新的挑战，尤其对教师的实践能力提出了比传统教学方法更高的要求。在案例教学的课堂上，对教师的理论知识与实践经验两方面都提出了更高的要求，如何成功地引导学生进行案例讨论，对教师的专业水平与业务水平是双重考验。因此，要实现"国际税收"课程的案例教学目标，教师队伍的实践能力培养非常关键。

（二）与企业开展密切合作，创建具有国内先进、符合国际标准的案例库

高水平的案例讨论课与高水平的案例选取与编写有直接的关系，案例的优劣直接影响案例讨论效果。在对教师实践能力的培养基础上，需要花费大量的时间研究课程内容，进行课程的分解，筛选哪些知识点适合作为案例讨论，实地调查相关的真实案例或搜索案例素材自己编写合适的案例。注重选取或编写的案例的真实性和合理性、问题的针对性。一是让教师进入政府财税部门或企业兼职，提高专业技能；二是请政府财税部门有丰富经验的实际工作人员或企业的业务人员对教师和学生进行培训，提高其实践能力。

（三）培养学生对案例教学内容的适应能力

案例教学需要学生花费大量时间阅读，准备讨论的发言材料，要求已经具备国际税收相应的基础知识，如税收管辖权，国际重复课税、国际避税、国际税收协定等内容的准确理解。为了达到这一目标，可以鼓励学生参加注册会计师、注册税务师等资格考试，以促使学生加强国际税收实践能力的自我培养。还可以改革传统的考核办法，改变考试的方式，比如开卷考试，不设标准答案，学生必须涉猎大量的相

关资料，在参与教学、积极思考后才能完成，或者采取口试的方法，与教师一对一交流。

（四）注意处理好案例教学与课堂讲授的关系

课堂讲授以教材为主，本身具有严密的系统性，而案例则是为了加深对教材内容的理解掌握的手段，起到画龙点睛的作用。同时，由于国际税收课时的限制，全过程的案例教学是不可取的，因为那样就有可能无法完成教学大纲、教学计划的任务。教师必须随时注意以教材为主，不要喧宾夺主，让案例与课堂讲授做到有机的统一。

参考文献

[1] 戴维·加文. 创造案例教学：为了适应现实世界的专业教育（上）[J]. 王公龙，译. 党政论坛，2009（6）：57—59.

[2] 林国建，吴海军. 浅谈《国际税收》课程教学改革深化 [J]. 中外企业家，2009（5）：174—175.

[3] 翟文宪. 案例教学初探 [J]. 课程·教材·教法，1996（1）：57—59.

[4] 王唯薇. 普通高校国际经贸专业双语教学探讨 [J]. 重庆科技学院学报，2008（2）：193—194.

[5] 陆君信. 浅谈会计专业如何实施案例式教学 [J]. 会计之友，2006（7）：69.

[6] 贾先文. 浅谈国际结算课程教学中学生应用能力的培养 [J]. 湖南文理学院学报（社会科学版），2008（6）：118—120.

[7] 杜东华. 提高《国际税收》课程教学质量研究 [J]. 河南财政税务高等专科学校学报，2010（2）：67—68.

教学组织和教学管理

大学生学业预警系统的研制与实践[①]

靳广民　赵　旭　赵祥麟[②]

摘　要： 本文从预警系统的数据处理、预警系统的角色设立以及预警机制等方面介绍了大学生学业预警系统的研制过程。学业预警系统功能模块分为数据处理、数据管理、学业预警及权限控制四大模块，四大模块交互作用实现了为用户提供定制化的信息服务，解决了不同用户对学业基础数据的使用需求。系统具有良好的兼容性，在电脑和手机上都可以登录，使用户使用起来更便捷。

关键词： 学业预警；数据处理；权限控制

一、研究背景及意义

随着高等教育的普及，大学生数量众多，为保障学生更好地完成学业，提高教学质量，更需要全面深入地了解学生的学业状况。作为教学工作人员，依靠大量扁平的成绩数据难以直观立体地评估学生的学习情况和课程的教学质量。在学生评优、学生补考、重修以及毕业资格审查等日常工作中都需要用到特定格式化的学生成绩数据，而目前的系统及方式难以提供多维度的有针对性的学生成绩数据。因此，我们希望建立大学生成绩管理预警系统，更好地分析利用学生成绩数据来评估学生学业情况和课程开展情况；建立相应的预警机制，更好地了解督促学生学习；提供指定格式化的成绩数据，减少教学管理人

① 本文是《基于教学管理层面的学业预警机制研究与实践》项目的阶段性成果。

② 靳广民，天津商业大学理学院研究实习员，研究方向为教育管理。赵旭，天津商业大学理学院助理研究员，研究方向为教育管理。赵祥麟，天津商业大学图书馆助理馆员，研究方向为计算机应用。

员工作量，提高教学管理水平。

二、系统的建立

（一）成绩数据的维度划分

为更好地理解学生成绩数据，我们将数据依据实际需求划分为学生个人、课程、班级、专业、学年学期五个维度。个人数据用于详细了解指定学生的详细课业情况；课程数据用于评估学生在指定课程的课业表现情况以及该课程历年的教学效果；班级数据用于反映班级学生的整体学业情况；专业数据用于衡量该专业的教学整体情况，学年学期用于反映该时间段内学生的整体情况。

（二）系统的角色设立

为更好地满足不同群体的实际需求，将系统的使用角色划分为学生、任课教师、班主任、辅导员以及教学管理人员。系统分配不同的权限给不同的角色，通过系统，学生仅可看到自己的成绩情况；任课教师可以看到所授课程的成绩情况；班主任可以看到所带班级的成绩情况；系主任可以看到所管理专业的成绩情况；教学管理人员可以看到全部的成绩情况。

（三）学业预警机制的建立

学业预警系统将不同系统维度的数据进行处理分析，构建了三个层面的学业预警机制：个人学业预警机制、课程学业预警机制以及团体学业预警机制。

1. 个人学业预警机制

个人学业预警机制依托个人历年的学业成绩，将历年来的不及格门次作为衡量指标，将预警分为红、橙、黄三个等级，具体的划分依据见表1。

表1　个人学业预警等级划分标准

预警等级	标准
红	不及格门次≥5
橙	3≤不及格门次<5
黄	1≤不及格门次<3

个人学业预警等级确定后，教学管理人员根据预警等级确定预警学生名单、生成大学生学业预警通知书及学生学业预警家长通知单，一并提供给学生管理部门，同时将学生的学业状况传达给学生管理部门。由学生管理部门相关人员将通知单和通知书发给学生及家长，可以及时发现学生学业问题，并与家长进行有效的沟通。针对不同预警等级的学生采取不同的引导措施来帮助学生，从而减少学生学业危机，减少可能因学业滞后而产生的各类不稳定因素。

2. 课程学业预警机制

课程学业预警机制依托指定课程在指定学期的所有学生的成绩状况，将指定学期课程预警系数作为衡量指标，将预警分为红、橙、黄三个等级，具体的划分标准见表 2。其中，课程预警系数=指定学期的该课程的不及格人数/该学期学习该课程的全部人数。

表 2　课程学业预警等级划分标准

预警等级	标准
红	课程预警系数≥15%
橙	10%≤课程预警系数<15%
黄	5%≤课程预警系数<10%

课程预警等级的确定对学生起到一个警示作用，学生在学习新课程时能够对课程的难易程度有一个评估，从而更好地平衡各课程的学习时间、精力，有效地从源头上防止学业危机；任课教师根据课程预警等级可以预估自己所带课程的难易程度以及所教学生的学习能力，剖析课程进入预警等级的原因，采用不同的措施来帮助学生更好地学习课程知识：比如创新课堂教学来提高学生学习的兴趣；加强课堂管理来规范学生课堂行为；完善授课计划来更高质量地进行课堂授业等。

3. 团体学业预警机制

团体学业预警机制是班级以及专业层面的预警机制，该预警机制的构建依托团体所有学生的历年成绩，以团体学业预警系数作为衡量指标，将预警分为红、橙、黄三个等级，具体的划分标准见表 3，其中，团体学业预警系数=团体学生累计不及格课程数量/团体学生总数。

表3 团体学业预警等级划分标准

预警等级	标准
红	团体学业预警系数≥1
橙	0.7≤团体学业预警系数<1
黄	0.3≤团体学业预警系数<0.7

团体学业预警等级确定后，团体负责人班主任或系主任，可以全面地了解到自己所带团体学生整体的学业状况，从管理层面针对不同的团体提出不同的管理措施，提高团体学风。

三、系统的实现

（一）系统的功能

大学生学业管理预警系统的功能可以分为四大模块：数据处理模块、数据管理模块、学业预警模块以及权限控制模块，大学生学业预警系统的详细功能见图1。

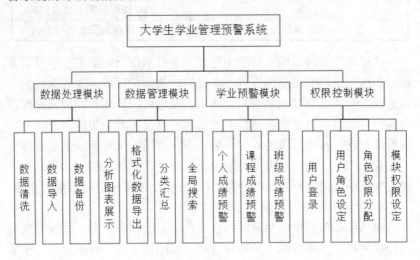

图1 大学生学业预警系统功能图

1. 数据处理模块

数据处理模块分为数据清洗、数据导入和数据备份三个子模块。数据清洗是指对元数据进行重新审查和校验,删除元数据的重复信息,保留有效数据，并将数据格式化。数据导入就是将清洗后的数据导入到系统中，成为学业预警系统的基础信息。数据备份是指为防止学业管理预警系统出现操作失误或系统故障导致数据丢失，将全部数据集合备份。

2. 数据管理模块

数据管理模块分为分析图表展示、格式化数据导出、分类汇总以及全局搜索四个子模块。分析图表展示模块可以将数据以折线图、柱形图以及饼状图的形式展现出来，使数据展示更立体直观。格式化数据导出模块可以根据用户的不同需求定义不同字段来下载不同格式的数据模板，从而满足不同用户对数据的不同需求。分类汇总模块，可以将数据按照某些字段比如课程信息、学生信息或班级信息进行筛选汇总，展示统计信息。全局搜索模块可以提供基于全部数据信息的模糊查询，利用部分参数查找到相关数据。比如按学生姓名查询，仅指定姓名的某个部分就可以找出相关的数据，从而实现通过模糊信息查找到所需数据。

3. 学业预警模块

学业预警模块分为个人成绩预警、课程成绩预警以及班级成绩预警，从三个层面同时预警，为不同用户提供决策支持。个人成绩预警提供可视化的学生个人成绩范围分布图，可以直观地看到学生每门课程成绩分布范围，看到学生处于哪个预警等级，从而预估该学生的学习能力，对未来成绩走势有一个判断。课程成绩预警提供可视化的课程学期挂科频次图，可以直观地看到指定课程在不同学期的挂科频次，看到课程所处的预警等级，从而预估该课程的难易程度，对学生有一定的预警作用，对任课教师展开新一轮课程教学有一定的指导作用。班级成绩预警提供可视化的团体学业状况图，可以直观看到各个班级内不及格学生人数，从而判断该班级的整体学业状况。相关用户可以基于班级学业状况，针对不同的班级，采用不同的管理政策，来加强学风建设，提高教学质量。

4. 权限控制模块

权限控制模块分为用户登录、用户角色设定、角色权限分配以及模块权限设定四个子模块。用户登录模块提供用户登录的账户和密码，使用户能够登录学业预警系统。用户角色设定将用户定义为不同的角色：学生、任课教师、班主任、辅导员及教学管理人员。角色权限分配将用户角色设定不同的权限等级，模块权限设定是将各个模块设定为不同的保密等级，用户角色权限等级与模块保密等级自动匹配，使不同权限等级的用户使用不同等级的模块功能，从而达到用户权限控制的目的。

（二）系统的实现效果

现在以大学生学业预警系统管理者的身份来展示个人成绩预警、课程成绩预警、班级成绩预警、格式化数据导出、分类汇总、全局搜索及系统跨平台的兼容性的实现效果。

成绩预警信息界面涵盖所有学生的基本信息：专业、年级、班级、学号、姓名、挂科数及预警等级。登录成绩预警信息模块，可以看到每个学生的详尽的学业状况，可以下载学业预警等级学生名单，按照预警等级分别确定预警学生名单，作为基础数据提供给学生管理相关部门。

个人成绩预警，以某学生为例。在搜索栏输入学生姓名或学号或单击学生信息条目，系统会弹出一个界面显示该学生入学以来的所有课程名称、成绩、学分以及通过情况等信息，系统将及格的课程判断为通过，通过的课程记为 0，未通过的记为 1。系统根据该学生累计未通过课程数量在页面上显示预警等级，同时系统以柱状图及折现图的形式来展现该学生历年来成绩范围分布。

课程成绩预警界面展现所有课程的基本信息：课程号，课程名称以及课程挂科频次。单击课程所在信息条目，系统会弹出新界面，以饼状图的形式展现该课程的成绩分布图。

班级成绩预警界面涵盖所有班级的基本信息：专业，年级，班级以及预警等级。登录班级信息预警等级模块，可以看到所有班级的预警等级，可以下载班级预警等级名单提供给班级负责人或其他相关管理人员。

指定班级成绩预警，以某班级为例。单击班级预警信息界面上的班级条目，弹出指定班级预警信息界面，该界面显示出指定班级的预警等级，不及格学生基础信息以及班级不及格学生汇总。

格式化数据导出模块，以学生基础信息界面为例。指定查询学号、年级、专业、班级及备注信息，界面会显示与指定字段匹配的所有信息，用户可以根据自己对数据的要求选择不同的格式导出数据。

分类汇总模块，系统提供分类汇总功能，以学生基础信息界面为例，登录该界面，可以按不同字段筛选信息，同时界面下方显示按字段筛选出来的信息条总数以及总页数等汇总信息。

全局搜索模块，在任意一个界面的搜索栏输入搜索字段，系统会提供包含该字段的所有信息，能够有效地进行模糊查找，迅速地锁定查找对象。以学生基础信息界面为例，在界面搜索栏里输入数字"7"，系统会提供所有包含数字"7"的信息群。

系统具有跨平台使用的兼容性，用户可以通过手机登录该系统，使用起来更便捷灵活。

四、小结

大学生学业预警系统为学生提供了更为方便的平台来多维度预警学生的学业情况；并为教学以及教学相关人员提供了处理复杂数据的平台，简化工作流程，提高工作效率；将学生、任课教师、辅导员、系主任以及教学管理人员联动起来，是学业预警机制有效运行的基础。下一步，系统将增加信息的推送功能，系统实现自动发送信息给进入预警等级的学生及学生对应的管理人员，更为方便快捷及时地将信息推送给相关人员，做到沟通无障碍，进一步完善大学生预警系统。

参考文献

[1] 曹威麟，杨光旭，夏红卫."学困生"学业预警爱心援助工

作机制探析 [J]. 高等工程教育研究，2007（3）.

  [2] 吴新华. 高校学生学业预警系统探索与实践 [J]. 中国教育技术装备，2014（6）.

  [3] 杨宝玲，郭治虎. 促进专业发展的大学生学业预警机制构建 [J]. 软件导刊，2012（9）.

高校教改项目网络化管理系统的开发与应用研究①

成桂英　王　岩②

摘　要：高校教改网络化系统管理对于畅通信息交流、便捷信息统计、实现动态管理、增强评审的客观公正性、提高项目研究质量具有重要意义。本文探讨了高校教改网络化管理系统的目标和功能，研发了实现功能的四大模块，实现了教改项目管理的信息化、动态化、高效化。

关键词：教改项目；网络化管理系统；开发应用

一、研究意义

从 20 世纪 90 年代中期开始，我国高校以项目的形式启动和实施高校教学改革研究计划，迄今已有 20 多年的历史。一般而言，绝大多数高校的教务处都有专人负责教改项目管理工作。教改项目管理的内容包括制订项目管理办法、发布立项指南、组织申报、立项评审、过程监督、结项验收、成果推广等。其管理方式大都从原先的完全纸质版发展为纸质版+电子版结合的形式，本文称这种管理方式为传统管理方式。

---

① 本文为教改项目"高校教改项目过程管理优化的研究与实践——以天津商业大学为例（TJCUYB 201443）"的阶段性成果；天津市教改项目"会展专业'双平台'实践教学模式的构建与创新研究"的研究成果。

② 成桂英，天津商业大学教务处助理研究员，主要研究方向为高等教育管理；王岩，天津商业大学信息工程学院讲师，主要研究方向为模式识别和图像处理等。

（一）传统管理方式的缺陷

随着教改项目申报量的迅速增加，传统管理方式的缺陷越来越明显，具体表现如下。

1. 信息交流不畅通

目前，项目管理过程中信息的传递一般都采取文件、会议、电话等方式，如果涉及的人员较多、范围较广且需要大量反馈意见时，就会出现既费时费力又效率低下的现象。比如，立项指南选题的征集，需要全校教师的积极参与、讨论、反馈意见；中期检查，目的是为了发现问题，及时纠正，但交流、反馈意见渠道不畅；专家评审，受时空限制，不足以全面深入了解项目，影响评审的公正性。总之，传统管理方式，不利于传达精神，不利于交流思想，不利于反馈意见，难以做到信息交流的畅通。

2. 管理成本高、资源浪费严重

当前，在项目立项申报、结项验收评审过程中，往往以一式5份的形式递交材料，加上各种文件，文字材料的打印量数字惊人，纸质材料堆积如山，占地面积巨大，资源浪费严重。

3. 过程管理缺位

传统管理往往采用"终结式、断点式"管理方式，注重教改项目的立项评审和结项验收，忽视过程管理。原因有二，一是由于传统管理方式效率低下，导致管理部门无暇顾及过程管理；二是传统管理方式客观上造成了过程跟踪、督促、参与、协调的难以实现，造成部分项目立而不建，假经验、假数据、假成果应运而生，应付式、突击式结项现象普遍。

4. 项目持续深入研究不足

在传统管理方式下，由于数据储存、分析、检索、查询不便，对已有的有价值的成果无法借鉴，造成低水平重复立项现象不断发生，在已有基础上的深入研究严重不足。

如上所述的传统管理方式的缺陷，是我们研究开发和应用网络化管理系统的压力。而下述网络化系统管理的优势，则是我们开发和应用研究的动力。

（二）网络化系统管理的优势

1．畅通反馈渠道、便捷信息统计

网络化管理系统，一方面有利于信息渠道畅通，可以将立项指南的征询通知、立项申请通知、中期检查通知、结项评审通知等信息在网上发布，实现人人皆知；可以将立项指南选题征询建议直接反馈回来，避免了开会等不必要的中间环节；可以将立项评审、中期检查、结项验收环节专家的具体建议一键式反馈到每个人邮箱，让每个申请人做到心知肚明，在增加透明度的情况下还可以帮助申报人成长。另一方面便于信息统计，各个环节的评审结果可以自动生成，统计结果准确而便捷。

2．节约成本，避免浪费

节省了大量的打印、装订、邮寄费用；节省了大量的因纸质材料分类、搬运、邮寄等所需的人力；专家评审可以打破时空限制，避免了由于出差等时间冲突造成的不便。

3．实时更新数据，实现动态管理

各项目负责人可以随时将项目进展情况通过数据更新反映出来，保证了数据的实时性和准确性，管理部门可以随时掌握最新情况，有效避免费时费力又效果不佳的集中检查；可以及时发现问题，通过网络交流、指导，真正起到既督又导的作用。

4．增强保密性，保证客观公正性

以往的专家评审是通过会议的形式进行的，专家集中在一起，容易造成串通。通过网络系统评审的方式，有效切断了专家之间的联系，避免了因"说情"造成的评审结果不公平。

5．充分利用已有成果，提高项目研究质量

由于管理系统可以很好地实现数据储存、分析、检索、查询的功能，可以很好地避免重复申报，可以借鉴已有的有价值的成果，站在前人的肩膀上深入研究，对提高项目的研究质量具有重要的意义。

二、网络化管理系统的目标及功能

（一）网络化管理系统的目标

搭建一个能实现项目在线申报、在线评估与在线跟踪、在线结项验收、研究者相互沟通交流、教改资源共享、教改成果推广、数据储存与分析等功能的教改项目网络化管理和协同办公平台。具体目标包括以下几个方面。

1. 实现项目申报网络化

在线发布项目指南，在线申报，为项目申报单位和申报人提供一站式服务。

2. 实现项目评审网络化

针对申报项目进行分组后，进行专家匹配，实现专家在线评审，并针对项目结项实行网络评审，为项目管理的客观、公平、公正提供技术支撑，建立更为广泛的同行评审机制，提高教改项目的质量和水平。

3. 实现立项项目中后期管理网络化

针对立项的项目可实现立项登记、经费管理、项目中检、项目结项、项目归档、项目分类维护等中后期管理，实现项目全过程网络化管理。

4. 建立教改成果管理库

通过各类数据采集方式，建立学校的教改项目库，并可在此基础上完成相关数据的查询、统计和分析。

（二）网络化管理系统的功能

教改项目管理系统是一个旨在服务于学校教学改革的、开放的多级网络化管理系统。根据业务范畴的不同，用户可以分为申请人、评审专家、申请单位、教务处、系统管理员等多种用户。系统各用户的主要功能如表1所示（各用户的详细功能参见文末的功能一览表）。

表 1　网络化管理系统用户的主要功能

用户角色	主要功能
申请人	可以在系统中管理自己的教改项目和教改成果，在线申报项目，通过系统接收消息，并可以反馈意见等
评审专家	可以登录系统，对分配的项目进行打分并做出评审意见，完成网络评审
申报单位	各申报单位设置一名教学秘书，负责本单位的各项教学改革研究项目管理业务
教务处	主要是教务处工作人员，负责全校各项教学研究管理业务。教务处通过系统可以管理全校的教改项目，在线组织教改项目申报、评审等工作
系统管理员	系统管理员是系统中的超级用户，由系统初始化时自动产生。系统管理员主要用于维护数据，进行各项参数设置，并可根据实际情况设定用户组或者某一用户的权限

三、网络化管理系统的功能模块

从功能划分，系统可以分为通知管理、教研队伍、项目申报、项目评审、项目过程管理、成果展示与统计以及系统维护等子系统（即模块）。因篇幅所限，下面我们只简单介绍前四个模块的内容。

（一）通知管理

通知管理是教改管理人员的辅助办公部分，包括最新通知和文件管理两部分，如图 1 所示。最新通知是指教改管理人员面向全体教学工作人员发送的通知和公告。文件管理主要用于管理往年的通知和文件，即过期的通知自动转入文件管理。

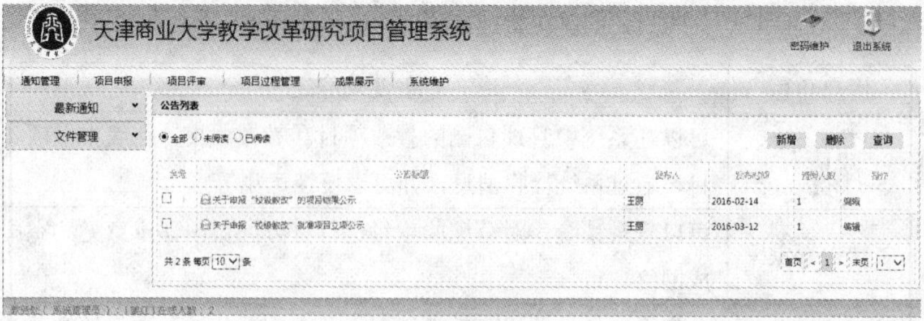

图 1　通知管理

（二）教研队伍

教研队伍包括教研人员、专家管理、机构管理三部分，如图 2 所示。教研人员是指对本校从事教学研究工作的教师、教学研究管理人员、相关的教学研究辅助人员的管理，包括人员管理和专家库管理。专家管理是对各类专家的管理，学校可以组建各类专家库，并对专家信息进行维护，包括对专家信息的修改、打印、导出等功能。机构管理包括院系单位的管理。系统能设置组织机构的负责人、联系人等相关信息。通过组织机构能够直接查询、统计机构下属的教研人员、教改项目、教学成果等信息。

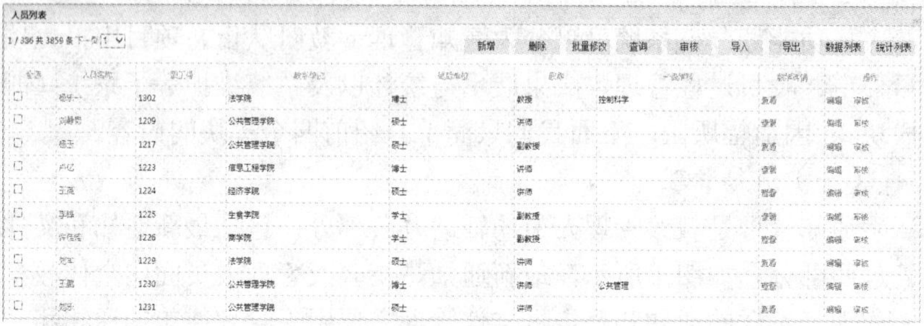

图 2　教研人员一览表

（三）项目申报

对于校级教改项目的预申报，系统提供申报功能。学校可对各申请单位进行限额申报设置，如图 3 所示。

图 3　限额控制

申请单位依据限额情况指定或放开本单位教研人员进行申报。申请人进入系统查看申报信息并进行项目申报，提交项目申报书。

申请单位依据限额情况对本单位申报信息进行审核，并将限额内的项目向学校教务处进行提交，如图 4 所示。

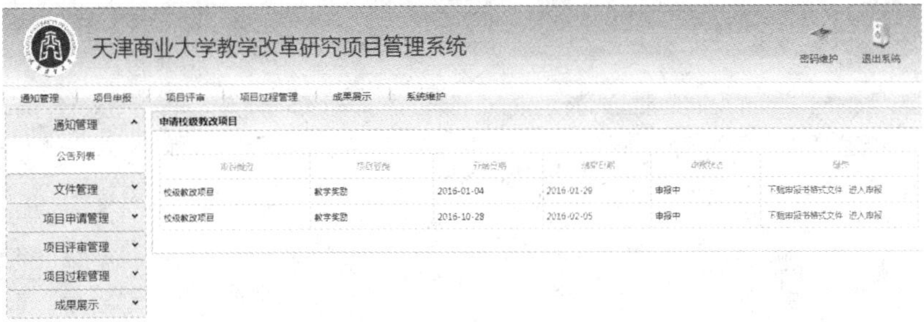

图 4　教师申报入口

（四）项目评审

项目评审是项目进行分组后邀请专家进行网上评审的过程。教务处可人工将申请项目分组，并与专家匹配，然后，可设定评审的开始和结束时间，通知专家在指定的时间内进行评审。

专家接到评审通知后，利用分配的专家账号登录进入系统进行项目评审，专家可下载项目评审书，针对评审书的内容，按照评审指标依次进行评审，如图 5 所示。

图5 专家评审入口

评审完成后，可以直接打印评审结果，教务处管理部门、院系教务秘书和教师可以查看评审结果，如图6所示。

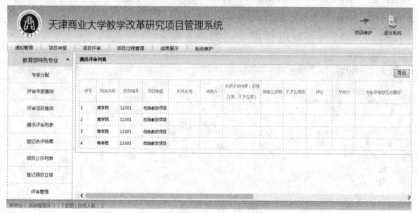

图6 评审意见

如果有其他意见和建议，每个学院的教学秘书可以与教务人员进行沟通，如图7所示。

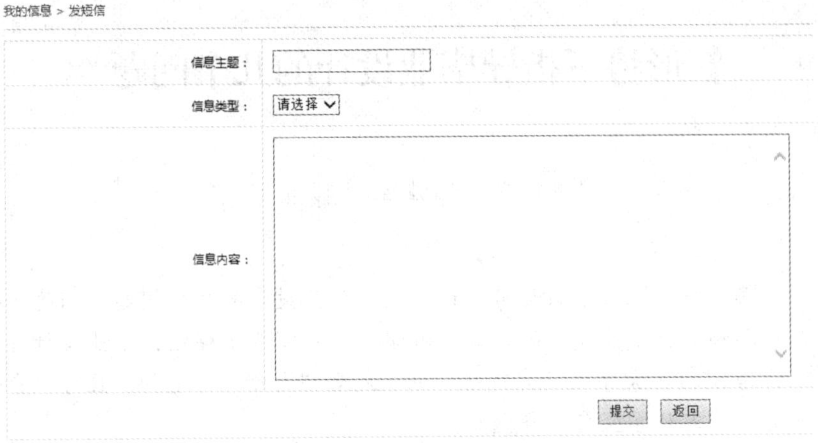

图7　交流界面

四、结论

高校教改项目网络化管理系统，为教改项目管理人员提供了更为便捷的信息交流、数据更新、数据统计、数据分析的平台，有利于实现动态管理；有利于简化工作流程，提高工作效率。本系统也存在需要进一步改进的地方：如何实现专家随机分配、通过编号实现专家匿名评审，进一步提高评审的公正性等问题，需要进一步改进。

参考文献

［1］胡筱华. 关于优化高校教学改革项目管理流程的思考［J］. 河南科技，2014（8）.

［2］杨慧瑛.高校教学改革项目全过程管理的优化研究［J］. 绍兴文理学院学报，2014（10）.

［3］郑晓川，胡晓清. 高校教改项目全过程管理初探［J］. 高教前沿，2013（8）.

新形势下指导毕业设计的几个问题[①]

郭玉花　郭建军　滕立军[②]

摘　要：探讨了新形势下教师指导毕业设计的几个问题，阐述了在新形势下，毕业设计的内容、时间、形式需要多样化，毕业设计可以作为 SRT（大学生研究训练计划）或者"大创"的延伸，且可以在一定范围内让学生自主命题。

关键词：毕业设计；大创；自主命题

一、毕业设计的时间和内容要灵活多样

　　一般院校的毕业设计时间是大学的第八学期。但是，现阶段许多公司招聘人才时，对于拟录用的员工总有半个月到三个月不等的岗前培训和岗前实习，有时公司要求学生拟录用后即刻进行岗前培训，不然公司可能再考虑其他人员。这对于学生和教师都是两难的选择，因为一方面，毕业设计任务繁重，某些毕业设计的题目必须由学生进行一定工作量的实验，不经过实验无法按质按量完成教师给予的毕业设计任务要求；另一方面，学生就业难，找工作难，找到一份满意的工作更难，如果学生已经被某公司拟录用而要求进行岗前培训，那么是做毕业设计实验还是进行岗前培训产生了相互矛盾。这是新形势下出现的新问题。

────────────

　　① 本文得到天津商业大学本科教育教学改革项目——"包装工程专业综合性创新实验项目的开发与实践"的资助。

　　② 郭玉花，天津商业大学机械工程学院副教授，研究方向为保鲜包装材料，阻燃包装材料和包装新结构设计。郭建军，天津职业技术师范大学数理系副教授。滕立军，天津商业大学机械工程学院高级实验师。

为了应对这一问题，我们可以从以下几方面进行解决。

其一，毕业设计的时间进行适当调整。如果某院校第七学期的课程较少，那么可以将部分毕业设计实验内容提前到第七学期进行，这样，学生既可以在第七学期学业比较轻松的时候做实验，也可以减少第八学期的实验内容；这样既可以做出高质量的毕业设计论文，也可以不与学生的就业相冲突。

其二，毕业设计的题目和内容要灵活多样。在新形势下，如果学生在第八学期之前找到自己心仪的工作，我们不妨与公司合作，做一个切合实际、与工作内容相关的毕业设计题目，由教师指导、学生在工作地完成相应的设计和实验内容，这类实践性的题目对于学生将理论与实践有机结合大有裨益，学生也很乐于做这类的毕业设计题目。如某学生寒假期间找到了苏州某大型的包装设计厂家，工资待遇、实习岗位都非常满意，笔者经过与公司领导沟通，在公司找了一个与学生以后的工作岗位密切相关的毕业设计题目，毕业设计的内容和工作量由教师把关，学生定期将毕业设计内容发给教师进行指导。公司若有实验条件，一些实验在实习公司进行，其他一些必要的实验在学校进行。笔者发现，学生很乐于做这种形式的毕业设计，完成情况良好，毕业设计质量较高。

二、毕业设计的形式应具有多样性

从教师角度来说，毕业设计的题目应该让学生选择性更广泛一些。笔者每年的毕业设计题目一般包括实验类题目、实践类题目和设计类题目三类。实验类题目对学生的要求是学生具有比较扎实的理论基础，并具有较强的动手能力和分析能力，学生具有充分的时间进行实验，一般实验时间为 2.5～3 个月（不包括前期资料整合时间）。实践类题目即上述与实习公司的实习内容相结合拟定的毕业设计题目。设计类题目要求学生具有较好的平面和三维设计能力，能够熟练使用计算机进行绘图，具有比较扎实的专业知识。设计类题目时间比较灵活，学生既可以在校进行，也可以在实习地进行，主要是电脑设计，通过 Email、QQ 等与教师及时沟通设计情况，教师可以及时掌握设计进度、进行实时指导。这三类题目为学生提供了比较广阔的选择机会，因人选题，机动灵活，适应了不同学生的需要。

三、毕业设计与 SRT、"大创"内容相结合

SRT（Students Research Training，大学生研究训练计划），是针对在校本科生开展的科学研究训练项目。"大创"是"大学生创新创业训练计划"的简称，是"十二五"期间教育部"本科教学工程"的重要组成部分。

笔者院校的 SRT 或者"大创"项目一般在第四学期申请，为期一年或者两年。笔者在 SRT 或者"大创"项目开创之初，每年带领一组（3～5 人）学生做 SRT 或者"大创"项目。

笔者一般在学生大三时带领学生利用课余或者假期时间做 SRT 或者"大创"项目。实验类项目一般经过"资料搜集和整合→材料制备→性能测试→数据分析→撰写研究报告→结题"几个阶段，设计类项目一般则经过"资料搜集和整合→产品定位→设计方案确定→设计初稿→设计终稿→专利申请→撰写研究报告→结题"几个阶段。如果是一年期的 SRT 或者"大创"项目，因为只能利用学生的课余或者假期时间做项目，所以只能研究一个问题的某些方面，研究不深入。因此，笔者都将 SRT 或者"大创"项目延伸到毕业设计中，这样，学生对于一个问题的研究可以持续两年时间，数据比较全面，论据充分。学生在两年的科研活动中，可以比较全面地进行资料搜集、实验、数据分析和处理、撰写论文或专利申请等一系列科研活动，实践能力得到全面提升。

比如：笔者带领学生做国家级"大学生创新创业训练计划"——聚乙烯醇阻燃包装膜的结构与性能研究，项目期限为两年，学生从大学三年级开始做项目，一直持续到毕业前期，完成了所有既定工作。刚开始的时候，学生经过半个月的中外文资料搜集和整理，确立了项目内容。聚乙烯醇（PVA）是一种水溶性生物降解型高分子材料，在纺织、涂料、造纸、膜材料和高分子化工等领域有广泛的应用。但是，PVA 容易燃烧，热稳定性和阻燃性能较差，这大大限制了其在相关领

域的应用。目前，国内外对此相关研究还不多，有许多技术问题还亟待科研工作者解决。

学生在项目进行中遇到诸多困难，如阻燃剂分散不均的问题，阻燃膜刮膜厚度不均的问题，阻燃膜厚度对强度的影响较大的问题，TG测试中样品在 300℃以上时从坩埚中蹦出的问题，等等。学生们坚持不懈，反复试验，在两年的实验过程中找到了解决问题的方法，并得到大量的实验数据，较好地解决了纳米级阻燃剂在 PVA 溶液中的团聚和分散不均的问题。另外，采用 TGA 测试手段，研究了 PVA 阻燃包装膜的耐热性能，并研究了其降解动力学，这在本领域中的研究还很少，这一研究也使得项目的理论性得到很大程度的提升。学生的部分研究成果最后延伸到毕业设计中，使得毕业设计的内容非常丰富，数据全面，论据充分，完成论文质量优良。

四、毕业设计可以让学生自主命题

过去，毕业设计的题目和内容往往由教师拟定，学生被动地按照要求进行相关的实验和设计，完成教师下达的各项任务。在新形势下，社会需要复合型、创造型人才，需要懂学习、会学习的人才，能够自主学习、勤于动脑、将理论联系实际的人才。因此，在新形势下，教师可以在拟定毕业设计题目时，给予学生一定的主观能动性，让学生自己查阅资料，寻找自己感兴趣的课题，与教师进行沟通讨论，如果学生找到的课题能使学生综合应用所学的各种理论知识和技能，进行全面、系统、严格的技术及基本能力的练习，那么可以成为毕业设计的题目。这会大大提高学生做毕业设计的兴趣，也能够促进学生在做毕业设计的过程中发现问题、解决问题，提升自身的科研能力。

笔者曾经遇到一位毕业生做毕业设计时，提出想做与物流相关的毕业设计题目，因为该生非常喜欢与物流相关的工作，打算毕业后进入物流领域。鉴于物流与包装之间的密切关系，笔者与毕业生一起拟定了一个与物流相关的毕业设计题目，学生查阅了不少相关资料，毕业设计过程中非常努力，很好地完成了毕业论文。其所做毕业设计题目是物流领域非常关键且热门的研究问题，这份毕业设计对学生以后找工作也起到了一定的作用，该生毕业后顺利进入一家大型物流公司工作，所做毕业设计论文也得到了物流公司高层的认可。

总之，在新形势下，毕业设计题目和内容需要与时俱进，灵活多样，这对于教师提出了更高的要求，教师的知识体系也需要与时俱进，不断创新，才能适应现阶段指导毕业设计的要求。

参考文献

［1］薛彩霞. 本科毕业设计（论文）存在问题及质量控制措施［J］. 高教论坛，2011（11）：56—58.

［2］武广臣，刘艳. "大学生创新训练计划"模式在本科教学中的推广［J］. 考试周刊，2014（30）：164—165.

［3］廖蓉. 谈实施大学生创新性实验计划对高校学生创新能力的培养［J］. 中国现代教育装备，2011（3）：122—123.

大学生评教可靠性研究
——基于对 Y 大学的调查

王玉津　靳广民[①]

摘　要：本文在 Y 大学调查结果的基础上，对大学生评教的可靠性进行研究。首先，阐述大学生评教的作用、现状及存在的问题。其次，分析评教可靠性受到质疑的主要原因：学生评教不认真；评价指标不合理；学生不公正的评价；学校"重科研轻教学"等。最后，针对每个问题提供了解决方案：评教前加强对学生的教育；建立科学的评价指标；增加样本数；教学科研并重；在统计结果时考虑学科、课程难度及班级人数；网上评教等。

关键词：大学生；评教；可靠性

一、大学生评教的作用、现状及存在的问题

学生是教学的对象，也是教学的主体，对教师教学工作的优劣应该最有发言权，他们参与教师教学的全过程，感受教师教学过程中的几乎全部教学行为，因此对教师的教学质量的观察应该比其他人更细致、全面，他们对教师在教学中的投入多少、教学目标的达成情况，以及教学对学生的帮助感受最为深刻。因而学生评教与专家、领导评估以及同行教师评估相比而言，更加客观、有效。学生评教不仅必要，而且十分重要，如果能控制住一些干扰因素，使学生的评教结果具有

---

① 王玉津，天津商业大学理学院讲师，研究方向为概率统计。靳广民，天津商业大学理学院研究实习员，研究方向为教学管理。

更多的客观性，且能恰当地使用这些评教结果，学生评教就能在教学中起到引进竞争机制，促使教师更多地投入教学，不断反省自己的教学，提高教学水平，形成教学相长的良好氛围的作用。

　　然而，由于种种原因，学生评教工作也存在很多问题。很多大学教师对学生评教工作持怀疑态度，对学生评教结果不认同。由 Y 大学教务处 2016 年 10 月开展的调查中，在问到教师"您是否认为学生对教师的评价结果是有效的，符合实际情况？"时，回答非常符合的只有 6.14%，不能确定和不太符合、不符合的占比高达 61.75%，具体数据如表 1 所示。

表 1　教师对学生评教结果的界定

选项	计数	百分比
非常符合	35	6.14%
有些符合	183	32.11%
不能确定	193	33.86%
不太符合	113	19.82%
不符合	46	8.07%
合计	570	100.00%

　　究其原因，主要是教师认为学生评教存在偏差，主观因素较大。很多教师都认为，如果学生的成绩比他们想象得低，他们很可能给教师的评分也会低；或者如果教师上课或考试要求比较严格，学生也倾向于给教师打低分；那些要求"松"，考试"给重点"的教师反而能得到高分；另外，课程的特点，如学科类别、班级大小、课程类型等对学生评教也存在一定的影响。有研究表明小班级授课的教师学生评教比大班授课的高。还有，很多学生以自己能否听懂来衡量教师的教学水平，当教师的教学内容有一定难度，学生听起来比较费力时，他们就认为这个教师的课讲得比较糟糕。如此，学生就会将自己的认识水平反映到评教结果上，很容易给教师做出以偏概全存在较大偏差的结论。这样，学生评教会给师生关系带来负面影响，有些教师就会降低

对学生的要求以迁就学生。

笔者认为，即使大学生评教存在一定的问题，也不能简单否定其作用与意义，应该积极地去解决存在的问题，针对每一个造成学生评教的偏差原因，对症下药，见招拆招，尽量通过技术手段来减小评教误差。我们将通过文献查询法，并结合 Y 大学的调查结果，分析造成学生评教结果失真的原因，并提出提高学生评教可靠性的对策，为大学生评教提供理论指导。

二、评教失真的原因

（1）有些学生评教时不认真，评教倦怠，造成数据失真。在 Y 大学的调查表明，近 15.38%的同学没有认真填写评教卡，具体数据如表2 所示。

表2　Y 大学学生的评教情况

选项	计数	百分比
客观评价，认真填写	936	67.87%
参考同学意见，认真填写	231	16.75%
同学怎么填我就怎么填	87	6.31%
受情绪影响	55	3.99%
随意填写	70	5.08%
总计	1379	100.00%

评教中，也会出现要么每个指标都给打满分，要么每个指标都打最低分的现象，情绪化很明显，甚至有他人替评教的现象。究其原因，学生对评教的认识不足，不知道评教有什么用，还耽误自己的时间。事实上，确有教师并没有通过评教而有针对性地进行改进的现象存在。

（2）评价指标不合理。现象之一，评价指标过多，指标间的区分度又不高，动辄 20 多个，甚至更多；现象之二，指标的表达太晦涩，学生对指标的含义理解不清。

（3）个别学生专门给考试给高分、辅导给重点的老师打高分，给课堂教学及考试严格不放水的教师打低分，这是不公正的评价，使认真教学、严格考试的教师受到了打击。

（4）学校"重科研轻教学"，对大学生的评教过程操作程序控制不认真，不严格。在 Y 大学的调查中一个问题是，"你所在学院在组织学生评教时，是否进行了要求学生认真进行评教的教育或说明活动？"结果如表 3 所示。

表 3　Y 大学的评教问卷调查 1

选项	计数	百分比
是	637	46.19%
否	373	27.05%
不了解	369	26.76%
总计	1379	100.00%

统计结果表明，超一半以上同学未受到评教的教育或说明。

（5）教师对学生的尊重程度、教师与学生的关系、课程属性、班级大小等因素不属于评判教师课堂教学质量的标准，但在学生评教时影响了学生对教师的打分。

（6）学生打分的时间、地点、方式一定程度上会影响评分的客观性。调查表明，匿名参与评教时，教师的得分相对署名时的分数低，究其原因就在于学生害怕打的分数过低，会对这门课的成绩产生影响。学生在教室里挤在一起打分时，怕同学泄露秘密，不敢给教师打低分。

三、提高评教结果可靠性的方法

针对原因（1），评教倦怠问题，学校应在评教前加强对学生的教育，评教部门有必要对学生进行评教重要性的宣传，提高其思想认识，要让他们深切感受到学生评教是自己表达合理建议的渠道，是自己的权利和应履行的义务，是促使教师提高教学质量的手段，他们是教学评价的最直接受益者。如果他们认为评教与自己无关，他们就不会认真。评教倦怠的另一个原因是，一般高校对大学生评教结果不对学生公布，学生认为自己的评教没有下文，没有成就感和主体地位，不对学生公布评教结果降低了学生的评教积极性。事实上，公布评教结果对教师有一种倒逼的压力，使教师不得不对教学投入更多，并积极改进教学。但目前为止，很多高校都没有这么做，原因是很多教师反对。在Y大学的教师问卷中"您认为评价结果公开应采用何种方式？"的调查结果如表4所示。

表4　Y大学的评教问卷调查2

选项	计数	百分比
所在学院的教师公开	146	25.21%
对教师本人公开	372	64.25%
不公开	43	7.43%
其他	18	3.11%
合计	579	100.00%

针对原因（2），评价指标的设置是一个技术含量很高的工作，高校应该联合起来，对指标设置问题进行认真研讨，针对不同的课程设定不同的合理的科学的指标体系。第一，要考虑到学生的认知能力，以学生看重的问题为主要指标，以学生能够感受到和体验到的问题为基础。第二，评教部门在评教过程中有必要对每一项评价指标的含义与标准进行解释，减少由于指标不清造成的评教偏差。另外，指标过多对于学生的评教是不利的，要学生给每一个任课教师的20多个条目逐条打分，这显然会引起学生的反感，而且指标太多会造成指标区分度降低，相关性太高，有些方面权重会比实际应该的权重增加。作者阅读了大量文献，结合调查结果和自己的教学实践认为，学生评教应包括的内容为：教学目的明确；重视学生能力培养，能使学生积极参与教学活动；教学内容充实，重点突出、难点处理恰当；教学方法生动有效；语言表达流畅。

针对原因（3），从统计学的观点来看，样本越大得到的结果就越接近真实的情况，学生参与率越高，评价就越真实。因此，应尽量使上该课程的所有学生都参与评教，而不是部分学生，这样就能减小个别学生的不公正评价带来的影响，还可以在统计数据时采用"离群数据"去除法，就是将相对于全班的整体打分太高或太低的得分去除之后再统计。

针对原因（4），学校"重科研轻教学"，是导致所有问题出现的关键所在。在很多高校中，学生评教的结果在职称评定或评优中不会有任何体现，教师的职称只与教师的论文论著等科研成果挂钩。因此，在高校教师中"重科研轻教学"，也就不奇怪了。学校不重视，教师当然不重视了，讲好讲坏一个样，教师对教学不投入，学生是能体会得到的，学生对教学有问题的教师评教后也看不到教师的改进，他们体会到的是教师对评教的漠不关心，怎么还能认真评教呢？怎么还能期望评教的客观性呢？长此以往，势必严重影响教学质量的提高。而高等学校教学的质量直接影响到学生的培养质量，最终受害的是学生。因此，如果不扭转"重科研轻教学"的局面，形成"教学科研并重"的风气，很难谈其他的问题。

针对原因（5），在评教中应考虑学科性质、班级人数、课程难度等相关因素的影响。对于学科性质不同、难度不同的课程，或班级人数不同的课程，可以在统计结果的时候，对数据进行相应的处理，比如乘以相应的系数，使评教结果具有可比性。相关方法在统计学里有介绍，这里由于篇幅的限制不再展开。还有一种解决办法就是把课程归类，按类排序。

针对原因（6），对于评教的时间、地点、方式等，应本着保护学生不受教师的报复和使结果客观公正的原则进行。下面是 Y 大学相关问题的调查结果。

关于评教时间："你认为评教时点选在学期课程结束时进行是否合理？"的调查结果如表 5 所示。

表 5　Y 大学的评教问卷调查 3

选项	计数	百分比
学期中进行	445	32.58%
授课完成时进行	622	45.53%
期末考试后进行	299	21.89%
总计	1366	100.00%

　　由此可见，在授课完成时进行是最好的选择，其好处是保证学生对整个教学时间从头到尾的评价，不选择在期末考试后进行可以有效防止有些同学因成绩不高而给教师不公正的评价。

　　关于评教地点和方式："你认为评教过程如何进行比较合理？"的调查结果如表 6 所示。

表 6　Y 大学的评教问卷调查 4

选项	计数	百分比
随堂评价	400	29.28%
统一组织在教室进行评价	449	32.87%
网上评价	517	37.85%
总计	1366	100.00%

　　从调查结果看，选择网评的人最多，网上评教的优点：①不受时间地点的限制；②不容易受同学的影响；③因为是单独的活动，不用担心被同学或老师知道，更容易表达自己的真实意思，使评教结果更客观；④可以更方便地统计结果，减少评教的工作量。缺点是，这种方式会有些同学嫌麻烦而放弃评教，样本量变少。

　　另外，坚持匿名评教有助于消除学生的顾虑；运用数理统计法，给不同的指标赋予科学的权重；对评教结果进行技术修正等，都能起到一定作用。学生评教的同时还要结合同行评教、督导评价、行政管理评教等，建立完善的多元化的综合评教体系。

参考文献

[1] 李楠. 高校教师绩效考核中"学生评教"的可靠性研究 [D]. 北京：首都经济贸易大学，2008.

[2] 刘妙龄. 高校学生评价教师教学的有效性研究 [D]. 武汉：华中科技大学，2005.

[3] 陈富，杨晓丽. 学生评教何以认真——基于对学生的调查 [J]. 大学（研究版），2015（10）：69—75.

［4］邱楷，叶道艳. 高校学生评教的影响因素研究［J］. 教育科学，2016（2）：33—40.

［5］李波. 大学生评教失真的补偿对策探讨［J］. 当代教育论坛，2009（6）：80—81.

［6］刘红. 高校学生评价教师课堂教学效果的研究［D］. 武汉：华中农业大学，2004.

［7］程安林，张亮. 高校学生评教结果信度实证研究［J］. 黑龙江高教研究，2016（7）：21—25.

［8］李兴琼. 基于学生视角对高校学生评教的调查研究［J］. 吉林广播电视大学学报，2016（2）：17—19.

［9］周吉林. 浅析高校学生评教的偏离及匡正［J］. 新疆广播电视大学学报，2015（4）：63—67.

［10］潘云华，张意燕. 高校学生评教有效性影响因素的实证研究［J］. 教育学术月刊，2016（7）：51—56.

［11］刘孝亮，何敏. 关于大学生评教结果影响因素的调查研究［J］. 科教文汇，2016（C）：27—28.

［12］李跃飞. 影响学生评教的心理因素及其调控［J］. 湖北经济学院学报（人文社会科学版），2016（8）：177—178.

［13］路丽娜，王洪才. 质性评教：走出学生评教困境的理性选择［J］. 现代大学教育，2016（2）：93—98.

应用型高校教师必备素质及提升对策研究[①]

刘　婧[②]

摘　要： 应用型高校是高等学校的重要组成部分，应用型高校教师的素质直接影响应用型人才培养质量和应用型高校的发展。应用型高校教师的素质包括教师的思想道德素质、教育理念、专业知识、实践能力、业务素质等方面。要提高应用型高校教师的素质，需要在更新观念、人才引进、教师评价、岗位培训、科研平台、教师发展制度等方面进行改革和创新。

关键词： 应用型高校；教师素质；实践教学

一、应用型高校和应用型人才培养的特点

探讨应用型高校教师的必备素质，我们要从应用型高校和应用型人才培养的特点入手来分析。

（一）应用型高校的特点

应用型高校的办学定位是面向地区经济社会发展的需要，以本科应用型教育为主体，以少数研究生教育为辅助，为地区现代化建设培养基础扎实、知识面宽、应用能力强的高级专门人才，为区域现代化的生产、建设、管理等提供服务。应用型高校的学科专业紧密结合社会需要而设置，培养的学生绝大部分毕业后直接就业，其实践教育背景使其能很快适应工作岗位要求。这种以社会需要为人才培养目标的

---

① 本文系天津市教育科学十三五规划课题 "应用型高校教师评价体系研究"（HE3022）的阶段性研究成果。

② 刘婧，天津商业大学法学院助理研究员，研究方向为高等教育管理。

办学模式能很好地解决人才市场的供求结构矛盾，提高毕业生就业率，减少高等教育资源的浪费。

（二）应用型人才培养的特点

应用型高校培养的是有宽厚理论基础的不同层次的工程师、经济师、律师、教师、临床医师、各级干部和管理人员。应用型人才不仅要有一定的理论基础和宽广的专业知识，还能将理论应用于实践，掌握现代社会生产、建设与服务一线的管理和操作的各种技能，有一定的创新精神，能满足区域经济社会发展的需要。

应用型人才培养注重素质教育，强调能力培养，包括学生的专业技术能力、社会交往能力、学习能力、解决实际问题能力、创新能力等。需要在教学过程中将理论教学与实践教学并重，理论教学强调知识的综合性、广博性和应用性，在理论学习的基础上，通过实践教学环节培养学生将理论应用于实践的能力。教学方法上要改变以知识讲授为主的教学方法，发展参与式、师生互动式的教学方法，注重实验实训、项目研究、案例教学等教学方法。

应用型人才培养应注重特色，千篇一律的人才培养规格难以适应社会发展的需要。注重特色发展也是高校提高竞争力的重要途径。地方商科院校要遵循高等教育发展规律，主动适应社会需求，凝练商学教育特色，保持商学教学科研优势，培养商学素养与专业能力结合、专业知识与实践能力并重的应用型人才。

二、应用型高校教师的必备素质

（一）高尚的思想道德素质

高尚的思想道德素质是教师最基本的素质，教师的内在品质将对学生产生潜移默化的影响。应用型高校的教师要淡泊名利，忠诚于高等教育事业，有高尚的师德，关心爱护学生，教书育人，为人师表，严谨治学，甘于奉献，立志为国家和社会培养应用型人才。

（二）先进的教育理念

应用型高校教师要有先进的教育理念，以学生为本，注重学生个性发展，能主动了解社会和行业需求，注重培养学生高尚的道德情操、沟通和交流能力、团队合作精神以及创新能力等，提高学生的综合素质，促进学生的全面发展。

（三）宽厚扎实的专业知识

随着科学技术的发展，学科之间的相互交叉和渗透日益增强，应用型人才也需要具备复合型知识，来适应基层企事业单位的需要。因而教师要具备宽厚的知识结构，既有扎实的专业知识，又广泛涉猎交叉学科的知识，在对学生的知识传授中既有深度又有广度，做到游刃有余。

（四）很强的专业实践能力

苏霍姆林斯基曾说"教师想把学生培养成什么样的人，教师自己就应该成为这样的人"。要培养应用型人才，教师就要具备很强的专业实践能力，需要有丰富的专业一线工作的实践经验，懂得在职场如何将知识转化为技术和能力，并在教学过程中有意识地培养学生的实践能力。

（五）精湛的业务能力和业务素质

1. 教育教学能力

教学能力是教师业务素质结构中最基本的部分，包括教学设计、教学协调、教学组织、运用现代教育技术手段等。应用型高校教师要将专业知识和职业素养融为一体，形成对学生的示范作用，要具备良好的理论和实践教学能力，在理论教学中注重实践案例的讲授与讨论，在实践教学中将理论知识运用于实践操作，培养学生发现问题、解决问题和理论联系实际的能力。

2. 应用型科研能力

应用型高校教师的科研工作要强调应用性，将学术与职业相衔接，与经济社会发展紧密结合，解决生产中的实际问题，推动产业发展。教师要有深厚的理论基础，针对社会现实和生产实践进行学术研究，用学术指导和促进实践工作，在实践中改进和完善学术，促进学术理论的进步，实现产、学、研的相互促进。

3. 服务社会的能力

提供社会服务是高校的三大职能之一，应用型高校直接服务于地区经济社会发展，因而服务社会的能力是应用型高校教师必备的素质之一。教师要处理好教学、科研和社会服务这几项工作之间的关系，不断增强服务社会的责任感，积极参与企业的技术创新和产品研发以及政府、企事业单位的信息处理、咨询服务等活动，将自己的专业特长和科研成果转化为现实生产力。

三、当前应用型高校教师素质存在的问题及原因

（一）教师来源渠道单一

应用型高校在教师招聘和人才引进中偏重对学历、毕业院校层次以及科研能力的要求，忽视对人才实践能力的考察，所招聘的人才多为应届毕业的硕士和博士，有较丰富的理论知识和较强的学术研究能力，但教育经历单一，缺乏行业实践经历和社会经验，实践教学和应用性科研水平不高。一些拥有丰富基层实践经验的企事业单位管理人员和专业技术人员，往往由于职称、学历等限制因素无法进入高校任教。高校对从行业企业一线招聘经验丰富的人员做兼职教师，也缺乏相应的制度和政策安排。

（二）观念和认识上的不足

由于应用型高校多由教学研究型或教学型高校转型而来，许多学校办学定位尚不清晰，对双师素质的重要性认识不足，双师教师队伍建设的制度和规划不完善。许多教师对应用型人才培养存在观念和认识上的不足，偏重理论教学，未能认识到实践教学对培养应用型人才的重要性，缺乏对自身在实践教学能力、应用型科研能力和服务社会能力等方面的素质提升的积极性和主动性。

（三）教师培训体系不健全

应用型高校教师的进修培训主要在高校进行，而且主要针对学历的提高和理论教学、科研能力的提升，真正深入到生产一线的历练很少，高校针对教师实践能力提升的培训体系不健全。近年来应用型高校选派部分教师到相关企事业单位挂职锻炼，有助于提升教师的实践能力，但涉及教师人数较少，对整个教师队伍素质的提升效果有限。由于高校对教师参加行业培训缺乏硬性制度约束，教师又因为教学和

科研任务繁重，没有足够的时间和精力参加实践培训，使得教师很少针对实践能力的提升进行自主性的培训。

四、应用型高校教师素质提升对策

（一）建立健全提高应用型高校教师素质的相关机制

要提高应用型高校教师素质，建立健全相关机制是首要前提。这主要包括教师培养培训机制、考核评价机制、激励机制等。高校要加强组织领导和统筹规划，确保提升教师素质各项机制的有效实施。

（二）教师要更新教育观念，不断提高自身专业能力

教育改革的成败关键在教师，提高教师素质要从转变教师观念开始。应用型高校教师要深化对高等教育大众化和应用型高校的教育对象、教育模式和特点的认识，提高对学校办学定位、办学理念和办学特色的认识，提高对应用型人才培养目标的认同度，将主要精力投入教学工作，注重实践教学，不断更新知识结构，积极进行教学内容、教学方法和教学手段的改革，注重提升自身的专业实践能力和应用型教育的执教能力。

（三）科学地选拔引进人才

在毕业生招聘和人才引进中，在学历学位、专业要求之外，建立应用型教师的考察标准，考察应聘者的价值取向、性格特点、分析问题思路观点、表述能力等，来确定其是否胜任应用型教师的工作。应届毕业生在研究生学习期间参与的活动或科研项目，可以反映其经验和兴趣特长，通过考察这些内容来确定其是否适合做应用型高校的教师。学校在引进人才过程中，对"双师型"人才着重考察其实践经历、水平和能力。

（四）建立应用性的教师评价体系

对教师的考核评价是教师工作的指挥棒和风向标，评价指标体系的合理性与否将直接影响评价结果的科学性，也会影响教师工作的积极性。应用型高校的教师评价体系要注重应用性。对教学工作的评价，要重视对教学质量和实践教学的评价，建立切实可行的评价标准。对科研工作的评价，结合应用型科研的特点建立评价标准，注重科研成

果与社会实际的结合。对社会服务的评价主要包括教师在行业领域参与实践活动所解决的问题、收到的效果以及对社会发展的贡献等。在评价体系的建立上注重分类评价，采取定量与定性相结合、年度与聘期考核相结合。

（五）加强教师培养，强化岗位培训

岗位培训是教师更新知识、提升教学科研能力的有效途径，是建设高素质师资队伍的重要环节，是高校可持续发展的必然选择。应用型高校要健全教师实践培训体系，畅通教师实践培训渠道，改革教师培训的内容和形式。在教师岗前培训中可以增加与专业对应的行业背景的认知实践培训。把"走出去"与"请进来"相结合，拓展教师培训渠道，提高教师培训实效。通过产学研一体化建设，使教师的专业知识和科研活动与生产过程、成果有机结合；通过挂职锻炼或承接横向课题，使教师提高动手能力，开阔眼界；通过聘请行业企业人员到高校兼职或讲学，使教师了解行业发展动态。通过多种形式的岗位培训，充分利用校内外资源，切实提高教师的综合素质。高校要将教师实践培训纳入教师考核体系，形成制度约束。

（六）创建应用型科研平台，加大应用型科研资金投入

应用型高校要支持教师参加应用型研究，教师通过科研水平的提高，进一步优化教学，提高社会服务能力。高校要建立应用型科研平台，使各个学科领域的企事业单位、学校、科研机构的工作者进行学术交流，创造特有的科研氛围。通过应用型科研平台，教师可以加深与企业的科研合作，提高应用型科研能力，了解社会对人才的需求，有的放矢地进行教学活动。加大应用型科研资金投入，为教师提供机会参与国内外学术交流，组建应用型科研团队，引进培养科研人才，提高教师队伍的应用型科研能力。

（七）建立以素质提升为核心的教师发展制度

高校要建立良好的教师发展制度，使教师发挥主观能动性，不断促进自身素质的提升。高校要对教师参加实践培训期间的政策待遇有明确规定，为教师社会实践渠道的畅通提供必要的经费支持，采取有力措施来激励教师投身实践教学改革。建立教师专业能力发展中心，

关心教师专业发展和职业成长。对教师发展制度予以组织、资金和管理等方面的充分保障，鼓励教师确立以素质提升为核心的终身学习理念，增强提升自我素质的自觉性。

　　应用型高校教师素质的提升是一个渐进的过程，需要教师、高校和教育主管部门乃至全社会的广泛参与和共同努力，不可能一蹴而就。在这个过程中，教师要认识到应用型高校建设和应用型人才培养的重要性和紧迫性，增强危机感和使命感，努力提高自身素质，积极参与社会实践，提高实践教学、应用型科研和社会服务能力，为经济和社会发展培养更多应用型人才，为学校的转型发展尽一分力量。

参考文献

　　[1] 李欢. 应用型本科高校教师教学能力结构分析 [J]. 喀什师范学院报，2013（5）：92—95.

　　[2] 陈琳，苏艳芳. 应用型大学教师素质结构初探 [J]. 教育与职业，2016（5）：120—122.

　　[3] 孔繁敏. 建设应用型大学之路 [M]. 北京：北京大学出版社，2006：147—148.

　　[4] 应克荣，廖军和. 应用型高校教师实践教学能力的现状及提升策略 [J]. 淮北职业技术学院学报，2016（6）：118—120.

　　[5] 姚吉祥，汪本强. 国外院校提升教师实践教学能力的成功经验及对我国的启示 [J]. 安徽科技学院学报，2010（24）：59—62.

　　[6] 胡志利. 应用型大学"博士双师型"教师素质研究 [J]. 职业教育研究，2016（8）：56—59.

美国高等学校教学管理特点研究[①]

申　梦[②]

摘　要： 美国高等教育培养了大量的优秀人才，这与优质的教学管理有着密切的联系。笔者在中美合作项目工作多年，亲身体会到美国的教学管理给学生带来的便利和益处。美国高等学校善于利用信息技术，充分尊重学生的自主选择，预先设计好教学日历，制定完善的管理制度，使得其教学管理呈现出网络化、人性化、系统化、制度化的特点。研究这些特点对于反思我校的教学管理工作有着重要意义，以此为启示，有利于提高我校的教学管理的水平。

关键词： 美国高校；教学管理；特点；启示

世界大学排名中，美国的大学在人才培养和教学管理过程中想必有其独到之处。分析美国大学的教学管理特点，可归纳总结为四个方面，网络化、人性化、系统化和制度化。

一、网络化

（一）课程实施网络化

以美国佛罗里达国际大学为例，除了高效的课堂教学外，美国大学还为教师和学生提供课程在线支持服务系统（Blackboard Learning System）。系统通过在线的方式，为学生课程学习提供 24 小时的便利服务。利用此平台学生可以浏览任课教师上传的课程大纲、教程幻灯片，查看教师布置作业，查询相关通知，也可与教师进行邮件沟通等，

---

① 本文为天津商业大学青年科研培育基金项目成果，项目编号：111109S。

② 申梦，天津商业大学 TUC-FIU 合作学院学业指导老师，助理研究员。

详情见表 1。此系统作为课堂教学的有益补充，辅助教师完成课堂外的教学任务，为学生提供非常便利的课外复习、讨论、完成作业和考试等服务，有利于教师达到教学目标，同时有利于培养学生自主学习的能力，进而提高学习效果。[①]

表 1　佛罗里达国际大学课程在线支持服务系统功能简表

功能菜单	服务内容
课程内容	提供课程课件、延伸阅读材料（文章和视频等）和课程案例等
通知	通知课程进程中相关事项
大纲	包括课程描述、课程目标、学生学习目标、课程进度、教材信息、课堂出勤作业规章、赋分标准、图书馆支持信息、教授联系信息和 FIU 学术诚信声明等
讨论	课程重要内容和章节内容的课后讨论
邮件	学生与教师间有关课程内容的邮件沟通
作业和考试	教师布置章节作业和在线考试
日历	显示课程进度并提示当前任务
成绩	非官方成绩分布和总成绩

（二）学生成绩管理网络化

借助网上平台，学期期末考试后任课教师会在规定的截止日期前将学生成绩录入系统，学校注册办公室发布成绩后，学生便可登录自助服务系统查看非官方成绩单（Unofficial Transcript），包括已修课程名称、课程成绩、学期学分数（Term Credit Totals）、累计总学分数（Cum Credit Totals）、学期成绩点数平均（Term GPA）、累计成绩点数平均（Cum GPA），帮助学生了解和掌握自己的学业状态（Academic Standing），据此有针对性地调整学习方法、合理分配时间，保持良好的学业状态（Good Standing）。此外，系统为学生提供申请官方成绩单（Request Official Transcript）的服务，可选择申请电子成绩单、纸

---

① 主要从事高等教育方面的研究工作。

质版成绩单的邮寄或自取服务，并在线完成邮寄地址填写和费用支付等环节，方便快捷。

（三）课程注册网络化

美国大学的课程注册过程完全依靠网络实现。学生可通过查看学校注册办公室官方网站上发布的教学日历（Academic Calendar）了解每个学期具体的开放选课时间段，继而通过一站式的网络自助服务系统（Self Service）查询系统分配的预约选课时间（Enrollment Dates），如期开始选课，先选先得。学生可预先查阅网上公布的课程目录（Undergraduate/ Graduate Catalog）熟悉开设课程及课程先修条件，根据个人学业规划和兴趣偏好选择课程。选课过程中，学生可实时查看每门课程容量、已选人数和剩余座位数，据此调整课程安排。如遇到预选课程已达最高人数限制、与已选课程时间冲突、未完成先修课程或者需得到学业指导许可才可选课等情况，系统会分别给予明确提示，便于操作。学生加课（Add）、扔课（Drop）、换课（Swap）也都可在规定时间内在网上完成。课程注册网络化简化了人工处理数据的进程，提高准确性，提供学生更大的自由度，保证整个选课过程相对公平。

二、人性化

受到美国社会提倡人人平等、公民权利的影响，美国大学教学管理手段和方法无处不体现着人性化的特征。此处以学生选课过程为例予以说明。

（一）选课前

美国大学在学生正式开始选课前将所有可选课程信息录入选课系统后台，学生使用学校分配的用户名和自编密码可以登录选课系统预览可选课程，查看课程描述、课程时间、授课教师、授课地点、使用教材等详细信息，根据个人的实际情况制订一个学期的学业计划，拟选课程和教师，事先准备教材。选课系统允许学生将拟选课程放入"购物车"（Shopping Cart）中，待系统开放后正式"选课"（Enroll）。

学校给学生预留充足的时间浏览课程详情，学生根据自己的兴趣爱好和生活计划做出课程规划，每个人都有可能形成不同的课表，按照自己的课表上课。

（二）选课中

美国大学对学生"加课/扔课"（Add/Drop）具有严格的时间规定，但严格的规则是建立在人性化的预先告知基础之上制定和执行的。学生可以通过学校编订的《学生指导手册》了解详细的选课规则，也可从选课系统的教学日历中找到相关提示。

选课系统允许学生在开学第一周内继续调换课程，并且不需要承担经济责任。这项规则增加了学生选课的自由度，为学生提供一周试听课程的机会，给学生比较的空间，利于学生最终选择真正感兴趣和喜爱的课程。这种做法对于培养学生独立判断力、提高学生学习积极性也颇有益处。

（三）选课后

学生完成选课后，学生服务网络系统中可以自动生成电子课表，学生可随时查看一个学期的课程安排，包括课程号、课程名称、任课教师、上课地点等信息。系统支持学生查看任意一周课程情况（不同科目授课周数可能不同），并支持打印成纸质课表。为迎合学生实际需要，电子课表方便学生掌握课程安排，起到很好的提醒作用（说明：美国高校不是以自然班为授课单位，而是由学生自主选择上课时段和授课教师，因此每个学生的课表不尽相同）。

三、系统化

美国大学教学管理过程多呈现出规律性和系统化的特征。

学校至少提前一年制定下一个学年的教学日历并公布在网上，这不仅对全体学生具有指导意义，也是对教师工作安排的指导性文件。以此为纲，学生可预知开学时间、注册时间、交费截止日期、各种申请截止日期、期末考试时间、学期结束时间、放假时间等，方便学生提早做好学习、实习实践和生活安排。学生只有充分关注各种关键时间节点，才能保证不错过漏过重要信息，严格遵守完成时间，以避免影响自身利益。例如，教学日历上明确了低注册率课程（Low Enrollment Courses）的取消及通知学生的时间，因此学生需要按时关注邮箱通知，必要的时候补选课程，及时调整学习计划。又如，日历上明确规定了调换课的截止日期，在此日期前操作不需要承担任何经济责任（Financial Liability），逾期操作的必须承担经济责任。如果学生错过时间违规操作，则必须为自己的行为承担后果。再看另一个例子：学生可以从日历上找到每学期申请毕业（Apply for Graduation）的最终时间，计划于该学期毕业的学生必须在规定的日期前完成网上毕业申请，如果错过申请只能延期毕业。

教师可据此及时决定选用的课堂教材及参考材料，获悉新聘教师讲座时间、教师集体会时间，掌握核对选课学生名单的时间，明确网上录入成绩开始时间、提交成绩截止时间等。详细具体的时间规定既起到了通知通报的作用，同时指导教师合理制订教学计划、按部就班开展教学工作、按时完成教学任务。

整个系统中的各个环节是相互联系、相互作用的。只有教师按时确定了教材和版本，学生才能着手准备教材、预习课程内容。只有教师按时提交学生成绩，学校注册办公室才能及时将成绩和学业状态公布在网上，学生才能及时获知自己的学习成果。系统化的教学管理潜移默化地培养了学生良好的学习习惯，引导他们做事情有目标、有计划、有步骤、有时间管控，帮助他们强化时间观念、建立严格遵守规章制度的行为准则，教育他们为自己的决定和行为负责。

四、制度化

美国大学针对在校生制定了方方面面的管理规定、政策和制度，在约束学生行为、督促学生自律的同时也为学生提供了更广泛全面的服务。

学生手册（Student Handbook）是学生了解学校各种制度和政策的有效途径，手册分为学校版和学院版，每年更新一次。这里以美国佛罗里达国际大学酒店管理学院的学生手册为例进行分析。手册涵盖了转学分政策、学校核心基础课要求、外语要求、免修课程规定、高级实习要求、课程注册相关规定、选课制度、退学制度、学业警告政策、授予学位要求等。其中的学业警告政策值得一提。根据学业规定，学生应将学业成绩保持在良好状态（Good Standing），即将成绩点数平均（GPA）维持在 2.0 以上。累计成绩点数平均（CUM GPA）低于 2.0 的学生会受到学业警告，学院建议学业上有困难的学生主动预约学业指导，有针对性地制订学习计划以提高学习成绩。对于未采取有效行动的学生，选课系统中将锁定其选课权限，暂时限制其进行选课操作。得到学业警告的学生如在下一个学期学业上未见起色，CUM GPA 仍处于 2.0 以下的会受到严重学业警告。再接下来的学期末成绩公布后，如果该生的学期成绩点数平均（Term GPA）和累计成绩点数平均（CUM GPA）仍都处于 2.0 以下，则会被自动开除学籍。学业警告政策的制定和实施帮助学生及时意识到学业上出现的问题，引起重视，鼓励学生改进学习方法，同时给学生适度压力和紧迫感，从侧面保证了毕业生的质量。

在我国不断扩大高等教育规模的背景下，坚持提高高等教育的质量和水平显得尤为重要，而围绕教学活动进行的教学管理水平的提升则是重要保障。挖掘美国高等学校教学管理的特点，我们可以得到以下几点启示。

第一，加大教学管理环节中网络渠道的应用。

第二，依照规律制定指导性的教学日历。

第三，促进教学管理人员从管理型向服务型的转变。

参考文献

[1] 王麟娜. 当前高校教学管理存在的问题及其对策 [J]. 教育探索，2011（3）.

[2] 鲁春梅. 浅析高校教学管理特点 提高教学管理水平 [J]. 中国科技信息，2005（19）.

高校学籍管理信息化法制化建设的研究

安　鹏[①]

摘　要：学籍管理是高校学生管理的重要组成部分。高校学籍管理制度的规范是高校教学管理部门依法实施管理、保障教育教学活动顺利进行的基本依据。随着高校扩招，学校的生源越来越多，因此对其学籍管理的法制化信息化建设完善迫在眉睫。如何加强学籍管理的法制化信息化建设关系到学校的可持续发展。本文通过论述学籍管理法制化信息化建设的要素，分析了高校学籍管理信息化和法制化存在的问题以及需要改进的各个方面，为学校教学的运行起到了积极的保障作用。

关键词：学籍管理；法制化；信息化；制度

一、高校学籍管理中法制化信息化的主要内容以及意义

学籍管理主要是指"从学生取得学籍到毕业整个培养过程的管理"。而学籍管理信息化则是指将信息化元素融入原先文本档案式的管理模式。学籍管理的法制化是指在进行学籍管理的过程中按照相应的法律法规，依托高等教育法中有关学籍管理规定的内容依法依规处理学籍问题。

学籍管理工作是一种十分重要的高校管理工作，它能保证高校的管理正常有序地进行。学籍管理的信息化对学校的思想、教育、建设、管理等工作都起到很大的影响。在当今的社会环境下，高校建设要以科学发展观为指导，努力建构和谐的校园环境。高校学籍管理中的信

---

① 安鹏，天津商业大学教务处助理研究员，主要从事高等教育管理研究。

息化是构建现代化高等教育中的重要组成部分，由于我国最近几年学校大规模扩招，学生变化的复杂性越来越烦琐，以往记录式不能满足现有的管理体制，因此实行学籍管理的信息化建设有利于科学性和可持续性管理学生工作。而在进行信息化管理的同时加强法制化建设，因为高校学生是学校的主体，每个学生都应该遵守学校的相关管理制度，依法依规履行学校学籍的政策内容。加强高校学籍管理的法制化有利于学生的平等相待,有利于建设公平校园和塑造良好的学习氛围。

二、高校学籍管理中法制化信息化建设存在的主要问题

（一）部分学籍管理规定与国家法律不相符，学籍管理制度不健全不完善

高等学校应按照国家的办学指南和高等教育法的有关规定依法执行学籍管理。由于我国经济社会的发展，国家在修订高等教育法的时候体现了当代大学生的权益和保障，而一些高校未能及时了解国家的相关政策，原有的学籍管理规定陈旧，严重阻碍了学生的发展。比如，关于休学创业的学籍管理规定，一些高校的学籍管理规定落实的比较欠缺，缺乏正当程序，存在程序瑕疵是高校在行使管理自主权时较为普遍存在的问题。由于缺乏规范的程序，发生一些本不该发生的问题。在学校的管理工作中坚持正当程序原则，是使学校的管理行为公开、公正、公平的基本保证。高校自主管理权是法律确认高等学校享有的一项基本权利，高校在行使自主管理权时，必须有正当程序予以保障。

（二）学籍管理信息化程度不发达，传统学籍管理方法存在弊端

学籍管理是一项信息化程度比较发达的程序化工作，学籍管理所依托的信息化软件非常多，特别是现有的在线网络学籍异动以及数据库更新学籍管理平台的建设已经处于非常发达的阶段。然而一些高校的学籍管理平台陈旧而且往往随着数据的增多，不能准确地计算和分析学籍异动数据。一些软件缺乏更新，不能及时适应高校现代化学籍管理。同时负责学籍管理的工作人员缺乏专业的信息化知识，对于软件的使用不能随心应手，缺乏与时俱进的学习热情，墨守成规，不思

进取，这些思想和人员都阻碍了高校学籍管理的信息化管理和法制化建设。

（三）学籍管理人员对学籍管理中的安全意识和法律责任意识不足

高校学籍管理人员是学籍管理中的主力军，学籍管理人员的素质的高低直接影响了高校学籍管理的发展。学籍属于数据集成和信息化集成的重要内容，学籍信息关系到广大学生的根本利益，特别是学生的身份证号、家庭地址、家庭情况等学籍内容都属于学生的隐私保护范围，这些内容本应属于重要信息保护范围，但是一些学籍管理工作人员对信息保护的安全意识不够，缺乏法律责任，对信息的管理缺乏依法依规落实，对学生的信息肆意传播，法律观念淡化，法律责任意识严重不足。高校学籍管理工作人员的法律意识的提高和法制观念有待加强。

三、高校学籍管理法制化信息化建设的建议

加强学籍信息化归档和电子学籍档案工作：学籍管理中的档案工作至关重要，特别是信息化电子归档和电子档案的建设是学籍管理的总结。这些电子归档和电子学籍档案覆盖了整个学生的学籍异动内容和学籍信息内容，这些电子档案的加强有利于人才培养和学生的全面发展。以人为本加强学籍管理者和被管理者法制观念；高校学籍管理工作人员是学籍管理的重要支撑组成部分。这些学籍管理人员要时刻保持法制观念和服务于人的人文精神。特别是要对学籍管理工作人员定期举行法制观念的培训工作，对学籍管理的信息化举行定期的学术交流和实践教育使高校学籍管理工作的效率能够显著提高，同时坚持依法治校，加强大学生的法律法规和维权观念，依法落实学籍管理规定，不断提高广大学生关于学籍的法制观念。遵循教学管理的客观规律和学分制，努力构建客观公平适合学生发展和学习的教学管理体制，完善学分制建设，提高大学生学习效率。完善机制，建设合理的学籍管理制度，实行学籍管理电子注册和网上查询信息化平台的建设。学籍管理制度要透明，各个高校依托自身高校的特点，建设合理的学籍

管理规章制度,努力加强学籍管理的一般性和特殊性建设。

(一)强化管理,增强法制服务意识,运用好现代信息化技术平台

高校学籍管理工作者的素质和政策水平直接影响着学籍管理工作的质量。因此,高校必须加强对学籍管理干部队伍的培训和建设,要经常组织学籍管理工作者进行专题学习研讨,充实与本职工作密切相关的新知识,使他们逐步认识和理解自己的工作性质与工作特点,自觉地钻研业务,提高工作能力。学籍管理工作者既要坚持学习党的路线方针政策以及法律法规,又要不断学习现代化的管理经验和现代管理的信息化技术手段。学籍管理工作事关学校的发展和学生的个人前途利益。学籍管理工作者始终要坚持党的群众路线方针,以人文本,树立公平第一的育人职责,坚持把学生的利益放在第一位,想学生之所想,谋学生之所谋,学籍管理过程中必然会接触家长或社会其他人员,作为学籍管理工作者始终要坚持服务第一,对待家长要态度和蔼避免发生言语上的冲突。学籍管理内容是学生的重要核心利益,学籍管理具有重要的严肃性和规范性特点。广大学籍管理工作者要始终坚持按照党中央的党风廉政路线方针,坚决抵制腐败等不良风气,不因利益而差别对待学生和家长。在学籍管理工作上,一些旧的学籍管理文件、学籍管理方法和学籍管理手段已经不再适应时代发展的需要,必须大胆改革。学籍管理工作者要勇于探索、敢于创新,淘汰不适应要求的旧方法和旧手段,把新的管理方法和手段运用到学籍管理工作中。例如,我校在学籍管理过程中采用先进的信息化平台,如清元优软 URP 教务管理系统,云南大学 hesmis 学籍管理系统,以及教育部学信网(CHSI)相结合的信息化平台互助管理,这样不会因某一系统的信息丢失造成不必要的麻烦,同时结合纸质归档管理,在学籍异动过程中纸质记录,这样一整套管理系统的结合保障了信息的准确度和完整性,同时我校任何学籍异动和信息修改会经校园网上公示和上校长办公会,这样保证了在程序审批上的公开、公平、公正三原则。

（二）完善学生考核管理与学籍管理相结合，提供个性化的学习方式

在对学生进行考核过程中，要科学地改进考核管理办法，实行教考分离制度，特别是将学生平时成绩、学生的口语、实验实践等成绩作为成绩的重要组成部分，打破原有的一张试卷制度对成绩的确定，对学生各科考试成绩要按照教学计划要求和学籍管理办法规定进行登记，并载入学生学籍管理档案；对成绩的查询、修改一定要严格履行学籍管理规定的手续。传统的学籍管理制度阻碍了学生的个性化学习方式，特别是对于实行弹性学制以及学生留级、降级、休学、退学等学籍异动要根据当前创新创业环境的需要进行调整，打破原有的填鸭式考试方式对于成绩的确定，可以对一些具有创新创业能力的学生的培养实行免修、跳级、提前毕业等弹性学制的学籍异动新的管理办法，对于一些参与竞赛获奖，或者在社会实践等领域具有重大贡献的学生实行免试或升级、跳级等新的学籍管理办法，有利于提高广大学生学习的积极性和主动性，对构建创新创业型教育具有重要的作用。

（三）坚持学生工作与学籍管理工作相结合的制度

学籍管理是链接学生管理和教学管理的纽带，大多数学籍管理主管部门由教务处负责，由学生处各级辅导员负责学生的思想政治工作或其他工作，广大学生的思想政治教育必须通过学生工作才能开展起来，学生的管理工作必须结合学生的思想政治工作全面开展，在坚持学籍管理法制化程序化的同时，更应该结合学生自身思想工作以及学生个人的全面发展去考虑，不能在处理学籍管理的过程中一刀切，采用机械化的程序化的处理办法进行学籍管理，应该更多地设身处地地考虑目前学生的状况，每个学生的特点以及家庭情况个人的客观情况结合当前的在校状态来处理学籍管理，比如有些学生打架，应分情节轻重以及态度是否端正给予记过处分等学籍异动。例如，我校天津商业大学 TUC-FIU 合作学院是以联合办学作为办学模式，以中美联合教育作为培养模式，学生前两年要按照要求进行 TOFEL 模式培养，如果未能达标需要进行降级或者进行转专业处理，这个时候就要以学生本人进行个性化的定位，尊重学生本人意愿以及学生目前的学习状态

相结合进行处理，不能按照如果成绩不达标就进行强制降级或者其他学籍异动管理。对于涉及学生核心利益的重大事情，比如转专业、转学、学生信息修改、毕业资格审核等重要的学籍管理工作，要按照学校的有关规定进行处理，并给予公示，公示无误后方可办理，保证在进行学籍管理中的公开、公平、公正三个原则，学籍管理是一项强制性工作，由于学籍管理过程中学籍处理后往往对学生的思想造成一定的影响，这就需要从事学生工作的辅导员对其进行思想政治工作教育，这样既能保障学生接受学籍处理带来的后果，同时又能保障学生以此为动力，更加积极进取，努力表现自己争取自身新的发展。因此学籍管理工作要积极与学生工作相结合，学籍管理人员既要依法办事，同时也应该具备一定的思想政治教育工作特点，在处理学籍管理过程中能够随心应手，利于管理。

参考文献

［1］林静，陶爱萍. 普通高校学籍管理制度建设研究［M］. 杭州：浙江大学出版社，2012.

［2］李萍. 论新时期高校学籍管理人员的素质培养［J］. 湖南科技学院学报，2010（6）.

［3］彭益武，何玉兰，张嫦. 基于信息化系统的学籍管理研究［J］. 广州番禺职业技术学院学报，2011（5）.

［4］靳敏. 我国高等学校学籍管理制度改革研究［D］. 武汉：武汉理工大学，2005.

［5］佟志华. 建立和完善学籍管理制度体系——新建本科院校学籍管理制度修订的实践与思考［J］. 西安文理学院学报（社会科学版），2007（1）.

［6］徐兆学. 新升格高专学籍管理制度和方法的改革与实践［J］. 教育与职业，2008（36）.

［7］朱学道. 关于学籍管理制度建设若干问题的思考［J］. 文教资料，2009（12）.

高校学生评教的优化和创新

刘振强 郭 敏①

摘 要：学生评教是高校教育质量监控的重要环节，是高等教育质量的重要保障，有助于教师提高教学质量，有助于学生成长发展，也有助于提高教学管理水平，但是，学生评教过程中也存在一些误区和局限，影响评教的科学性，要通过教育学生客观公正地评价教师教学、引导教师理性地对待评教结果、科学设计评教指标体系、创新学生评教手段载体、发挥学院评教主体作用等手段优化和改善学生评教，增强评教工作的实效性。

关键词：学生评教；创新；质量

一、学生评教是高等教育质量的重要保障

（一）学生评教有助于教师提高教学质量

学生评教是对教师教学的重要激励形式。有人认为，学生评教是教师审视教学过程的一面镜子。通过反馈评教结果，教师可以从学生角度了解自己的教学过程，客观认识自己教学的优点与不足，有针对性地调整和改进教学内容和教学方式，提高教学质量。同时，学生评教还是师生沟通的桥梁，学生通过评教对教师提出意见和建议，教师则从评教过程中吸取学生提出的建议和意见，与学生进行沟通，除了改进自己的教学外，也可以建议学生有针对性地改进学习，提高学习效率和学习效果，实现"教"与"学"主体之间的了解和交流，有利

---

① 刘振强，天津商业大学发展战略研究室高级政工师、助理研究员，研究方向为高等教育管理和思想政治教育管理。郭敏，天津商业大学外国语学院讲师，研究方向为日本企业文化。

于"教学相长"。由于学生评教是从受教育者、接受者对教育者、传授者的评价，因此更能直接反映课堂教学的质量与学生的真实态度，比起同行评价，专家评价与管理者评价具有更加独特的优势，具有不可替代的作用。从学生是课堂教学活动的直接参与者、是教师教学的服务对象，是高等教育的消费者来看，学生对教师教学的评价，才是一种真正意义上的评价。从学生的实际态度来看，88.04%的学生认为学生评教比较重要，只有11.96%的学生认为学生评教不重要。[①]

（二）学生评教有助于学生成长

从法理层面看，学生接受教育，既是权力，也是义务，评教过程是学生介入自身成长过程中主动性、主体性的具体体现。有学者就认为，评价一位大学教师的教学水平，同行或者专家最有发言权，但评价一位大学教师的教学效果，其长期的听众——学生最有发言权，从而肯定了学生评教的必要性和重要价值。通过评教，可以培养学生质疑、批判、创新的精神和挑战权威书本的勇气，增强其主体意识，在教学过程中营造民主、平等、自由的学习研究氛围，达到真正的教学互动、师生互动。以参与评教工作作为引导，可以培养学生对他人、对学校、对社会的责任感，从而提高学生的综合素质。通过评教可以真实地反馈出学生在学习过程中的问题，教师可以有的放矢，有针对性地加强对学生的指导，提高学生的学习效率，为学生的健康发展打下良好基础。

（三）学生评教有助于提高教学管理质量

教师及其课堂教学是教学管理的重要对象，是高等教育质量评价的重要内容。但是由于课堂教学的多样性、艺术性和创造性，由于教师、学生主客体二元既对立又统一的复杂关系，也由于教育质量评价体系的复杂性和不完备性，对教师教学质量和教学效果的评价往往成为高等教育管理的重点和难点，也使得基于教师教学质量和实效性的教师绩效考核成为高校师资队伍管理的重点和难点。学生评教是从学

___

①本文所引用的评教数据均来自于 2016 年由天津商业大学教务处组织的学生评教专项问卷调查，该问卷调查共收集有效问卷 1948 份，其中学生 1379 份，教师 569 份，较为全面客观地反映了学生评教过程中的问题。

生作为高等教育的消费者和受教育者的角度，对教师授课得出简明的结论。评教结果对于学校管理者评价教师的工作质量具有不可替代的价值，从而成为教师绩效考核的重要组成部分。通过对学生评教结果的分析，学校管理者可以发现教学管理中存在的问题，明确工作的重点，制定改进教学管理的措施，可以说，评教事小，但是却能够折射出学校整体教学质量的优劣，成为观察学校整体教学管理水平的窗口和改进学校教学管理的起点。

二、当前学生评教存在的局限性

（一）"一分钟游戏"现象在学生评教过程中不同程度的存在

学生是学生评教的主体，评教的过程暂时性地颠覆了教学过程中以教师为主导的"教"和"学"的关系，学生从被动的受教育者暂时性地转变为主导者，拥有了对教师教学质量的发言权、评价权，学生应慎重对待评教，实事求是地参与对教师、教学的评估。但由于学生认知不足、思想教育引导不够、组织实施松懈、评价体系不科学、教师对学生要求宽严不一等主客观原因，学生草率应付评教的过程经常发生，甚至出现一人代替全班同学填写评教问卷的极端情况，使本应严肃认真的评教成为学生应付学校管理者的"一分钟游戏"，从调研情况来看，能够自己填写问卷的学生只有 71.99%，其他同学都由班干部代填或者不知道曾经有过评教，这在很大程度上削弱了评教的严肃性、公正性、客观性，使教师和学校失去了客观评价教学质量的机会，学生也失去了反馈教师真实水平和状态的可能，使评教结果、数据出现失真甚至扭曲。

（二）部分教师对差评结果存在误解

管理学理论认为，绩效考核是各个管理环节中的难点，评教的指标体系、评教方式、结果运用、学生样本等各个环节、要素必须具备高度的科学性，经得起实践的检验，才能经受住被评价者的推敲和质疑，任何一个环节、要素出问题，都会引起教师的不满和误解，违背学校开展评教的初衷。有的教师对学校运用评教结果甄别教学质量，进而用于评聘职称、福利待遇等人事决策，无法完全接受和理解。从调研问卷统计情况来看，只有 **24.44%** 的老师认同将评教结果运用于晋升、奖惩、聘用，反映了教师从内心深处对学生评教的客观性、公正性不能完全认同，同时被动的参与评教，对评教结果的申诉机制不健全，也使得教师对于评教的心理比较复杂，失去被评价教师认同的学生评教因此也充满了风险和不确定性，经常成为教师质疑和吐槽的对象。

（三）学生评教的指标体系不够科学

学生评教本质上是学生、教师、学校三方利益的博弈场所，内在的包含着价值冲突，这种博弈和冲突集中反映在评教的指标体系中。无论采取何种方式进行评教，必然要建立一定的评教标准，这种标准体系的建立往往主要来自学校管理者的视角，通常采用经验主义范式制定指标体系，是学校管理者希望通过学生代替学校去识别出教师教学质量的高低，进而将评教结果运用于人事决策，因而体现的更多的是管理价值，学生和老师的价值、利益往往被忽视、弱化，致使指标体系中出现学生无法做出准确判断的选项，比如评教指标体系中出现"授课内容丰富，能够联系学科发展的新思想，提高了我的理论思辨能力"这样的问题，完全是从学校作为教学管理主体评价教师的视角和思路，削弱了评价指标体系的科学性，影响了评教结果的有效性。

（四）学生评教的手段还需要进一步创新

我国从 20 世纪 80 年代开始开展学生评教的理论研究和实践操作，应该说已经积累了大量的经验，尤其是互联网兴起后，为更新学生评教的手段提供了更多的可能性。但是，大多数高校的学生评教仍然停留在问卷调查这一传统的方式上，缺乏对于评教手段的立体、多方位挖掘。即使利用了互联网，也是以其为载体进行简单的问卷调查，缺乏对学生的深度访谈、座谈等形式，趋向于用数字化的定量打分取代丰富的定性描述，评教手段还比较单一，创新远远不够。

三、学生评教的优化和创新

（一）教育学生客观公正评价教师教学

要加大对学生开展思想政治教育的力度，帮助他们克服自身非理性的情绪化表达，让学生理解评教是自身的权力同时也是义务，要从受教育者的角度，客观准确地对教师的教学进行评价，因此，要在组织实施的过程中，做大量的预热和宣传，要详细解释评教工作的初衷、目的、和学生的关联度，强调客观公正的评价是学生切身利益所在。要以严密的组织、强制性的程序作为保障，利用校园网、班会、党日团日活动、班会等形式，发动辅导员、教学管理人员、学生骨干、学会党员、班主任等力量，充分地向学生进行解释说明，在取得认可的基础上发挥学生参与评教的积极性和主动性，确保学生能够以客观公正的态度参与评教，对教师及其教学活动做出准确评价。

（二）引导教师理性地对待评教结果

教师对评教的不解、抵制，一是来自对评价指标体系科学性、专业性的质疑，二是对学生情绪化评教的担忧，三是对评教结果无用、滥用的忧虑。凡此种种，都会导致教师面对学生评教忧心忡忡，难以完全认同，甚至暗中抵制，尤其是评教结果和自我评价差距较大时，教师有可能会成为学生评教实施的阻力。因此，引导教师理解学校组织评教的初衷、立场，明晰评教指标制定的过程，相信评教实施的严谨科学，知晓评教结果对于改善学校管理、提升自身教学水平具有积极的作用，并能够采取适当的方式充分向教师反馈评教结果，明确需要提高的地方。对评教结果也要采取合适的方式剔除极个别学生意气用事的评教结果，化解教师的思想阻力。

（三）科学设计评教指标体系

专业、科学的指标体系是评教能否有效进行的关键，评教过程涉及管理、统计、信息、心理、教育等多个领域和学科知识的综合应用，是一个跨越不同知识领域的管理过程，一整套以科学的多学科理论支撑、多专业协同参与的评教指标体系就成为评教能否成功的基础。站在学生的角度，尊重各个学科大类的教育教学规律，尊重各个专业门类的教师特点，研发不同课程集群、不同专业群落、不同层次等级的评教指标，运用于不同专业的学生和教师，能够为科学评教、公正评教、合理评教创造良好的前提条件。因此，要以开阔的视野设计评教的指标体系，整合各个学科、专业的专家学者共同参与，可以通过科研立项、项目研发的方式，制作符合各个学校特点的评教指标体系。

（四）创新学生评教手段载体

学生评教的生命来自于评教结论的真实有效，真实有效的前提条件之一是评教手段的与时俱进，是评教载体的改善创新。在"互联网＋"时代，面对学生作为评教的主体，需要为其提供快捷、方便、易于操作的评教方式，提高评教的交互性、参与度，确保评教的有效性、真实性。高校要努力开发各种基于互联网的评教平台，通过 APP、微信等新媒体开展评教，提高评教的便捷性；通过将参加评教设置为登录成绩管理系统的必要条件，强制学生参与评教，提高学生评教的真实性；学生能够在互联网的一定范围内分享评教结果，提高学生评教的参与性；创设条件允许学生能将评教结果直接反馈给教师和学校，并能够得到教师和学校的反馈，增强评教的互动性。同时，也要积极拓展问卷评教以外的其他手段，比如深度访谈、座谈会、撰写典型事例等方式，拓展评教的方式和手段。

参考文献

［1］居颂光. 对高校"学生评教"利弊的思考［J］. 中国临床研究，2011（9）.

［2］邓菊香. 高校学生评教有效性研究［D］. 长沙：湖南大学，2004.

［3］付八军. 大学生评教客观度的调查研究［J］. 大学教育科学，2011（1）.

关于建立基于"课程复杂度"评价的本科专业预警机制的研究

张陶然①

摘　要：20世纪以来，随着我国社会主义市场经济体制逐步完善和我国高等教育体制改革逐渐深化，我国专业设置管理渐渐演变成为政府调控、市场引导与高校自主设置专业结合的模式，然而，高校专业设置与调控（简称"置控"）还存在着滞后性和盲目性等问题，本文在充分研究上述问题的基础上，提出了构建基于"课程复杂度"评价的专业预警机制的设想，并对被预警专业提出了相应的建议。

关键词：教学难度；评价；专业预警

一、问题的提出

（一）什么是专业

专业（Profession，Speciality）一词最早是从拉丁语演化而来的，原始的意思是公开表达自己的观点或信仰，与之相对的是行业（Trade）。德语中专业一词是"beruf"，其含义是指具备学术的、自由的、文明的特征的社会职业。

"专业是一种需要经过全面的培训从而学习和掌握特殊知识的职业"通常具有相应的专业协会，并有伦理法规的约束和证书或执照的认证过程。从传统上看，专业有三类：管理、医学和法学。这三类专业都有具体的伦理法规。从历史上看，专业的数量是有限的，牧师、

---

① 张陶然，天津商业大学教务处，助理研究员，主要研究方向为高等教育管理。

医生和律师曾经在专业地位和专业教育上占据垄断地位，和军官一样具有同等的社会地位。通过州政府批准的宪章而获得垄断地位的诸如行业协会和大学这样的自治团体限制了这些专业的准入和行为。

（二）我国高校本科专业置控制度的历史沿革

自中华人民共和国成立至改革开放我国高等教育遵循苏联的发展模式，即国家教育主管部门管理高校本科专业的设置和调控。20世纪以来，随着我国社会主义市场经济体制逐步完善和我国高等教育体制改革也逐渐深化，我国专业设置管理渐渐演变成为政府调控、市场引导与高校自主设置专业结合的模式，高校也走向了专业设置与调控工作的前台。

通过研究我国高校专业置控机制的历史沿革我们发现，随着社会经济体制的变革和生产力发展水平的不断提高，我国的专业设置管理逐渐由计划经济体制下的权力高度集中过渡为市场经济体制下的高校主导、权力下放的模式。这一转变说明我国在高等教育专业设置工作方面的改革已经取得明显进步。但是，我们不得不承认，我国的专业设置工作与社会需求之间仍存在不小的差距，存在不少的问题。

（三）当前高校专业置控存在的问题

1. 高校专业置控的滞后性

目前相当一部分高校的专业设置与调控单纯以当前人才市场的反馈信息为依据，这种经验性的操作无法把握未来社会经济发展的趋势。由于高校人才的培养具有周期性，当毕业生走进人才市场的时候，社会的产业结构可能发生了转变，四年前社会急需的人才也许已经饱和，这就直接造成了结构性失业的问题。

2. 高校专业置控的盲目性

高校专业置控的盲目性主要体现在有效的专业培养质量评价体系的缺失。大部分高校对专业培养质量评价应用的工具落后、积极性不高，评价结果往往也失去了参考价值，这就使高校在进行专业设置、调控以及优化专业结构方面得不到有价值的依据，往往造成朝阳专业得不到有效的投入而错失宝贵的发展机会，而夕阳专业尸位素餐造成教学资源的极大浪费。

二、高校专业预警机制的概述

（一）专业预警机制的概念

预警一词英文称之为"Early-Warning"，直译为"早期警告"，可解释为，在灾害或灾难以及其他需要提防的危险发生之前，根据以往总结的规律或观测得到的可能性前兆，向相关部门发出紧急信号，报告危险情况，以避免危害在不知情或准备不足的情况下发生，从而最大程度地降低危害所造成的损失的行为。

而专业预警是指"现代预警理论在高等教育专业发展与建设领域的运用，是指在宏观经济社会视野下，运用经济学、社会学、统计学等研究方法，对高等教育的专业需求、专业培养和专业就业进行综合分析、评估与建模，得出专业设置与调控阈值，进而为政府和高校的专业置控提供决策依据，为社会公众提供择业导向的闭环反馈系统"。

（二）专业预警机制的建设原则

通过对预警和专业预警的概念研究我们总结出建设专业预警机制的几大原则。

1. 科学准确

专业预警机制是建立在高校内部的专门机构，专业预警机制关系着高校专业结构的优化调整和高校可持续发展，因此，科学和准确是专业预警机制建立的第一要求。

2. 前瞻性

由于高校人才培养具有周期性，高校专业预警机制应立足于反应未来一段时间之内某一专业发展的大致趋势，以此为高校管理者提供决策依据，从而克服传统专业置控工作中存在的滞后性。

3. 常态化

专业的发展趋势从大学教育周期的角度观察应该是瞬息万变的。因此，高校专业预警机制应成为一个始终处于运行状态的常态化的工作机构。并按照固定的预警周期随时反馈专业发展相关的信息，一旦遇到问题即可迅速商讨对策及时做出反应。

4. 信息化

这里的信息化是指专业预警机制应以信息技术作为主要工具，在专业预警机制中的数据搜集、数据整理、数据的利用、预警信息的反馈以及预警的响应等工作均应以信息技术为载体，以确保预警的准确性、时效性和可操作性。

5. 预警与建设相结合

专业预警机制应能通过对数据的分析整理提出一套科学可行的专业整改方案，从而促进各专业进一步明确和修正专业培养目标，改善办学条件，强化教学过程管理，提高人才培养质量，进而提高专业的核心竞争力。

（三）专业预警机制的主要作用

1. 提供科学完善的专业培养质量评价体系

专业培养质量评价体系是专业预警机制的核心和动力来源，因此专业预警机制应力争全面考察诸如高校某专业人力产品的市场接纳程度等影响高校学科专业发展与建设的重要因素，并在遵循科学性、前瞻性、一致性和平衡性等原则的基础上采用头脑风暴法选取其中相对重要的指标形成一个可以准确及时反映专业发展趋势状况的评价指标体系。

2. 组织高效畅通的信息传递机制

专业预警机制应提供一套有效的信息传递手段以保证有价值的数据域信息能畅通地从专业培养的终端直达专业培养工作的管理层。

3. 及时有效的预警反应机制

建立专业预警机制的最终目的是高校管理层、高校教师和专业学生可以利用这一机制所反馈的信息。高校管理者应根据反馈的信息及时调整和修正专业乃至整个学校的发展定位和战略；高校教师应通过反馈的信息及时转变教学侧重点改革教育教学方法以保证本专业的核心竞争力和人才培养与市场需求的契合度；专业学生应完成自己的知识储备，拓宽自己的就业面以规避即将面临的就业风险。

（四）专业预警机制的组成与运行

通过研究国内外关于专业预警机制研究的文献资料和对比分析

其他已建立专业预警机制的高校的相关政策与规定我们发现，一个运行良好行之有效的专业预警机制一般由专业评价系统、信息传递（预警）系统、响应系统等几部分组成。

首先信息传递系统负责相关资料的搜集和整理，然后将可读的信息输入专业评价系统，专业评价系统根据传入的信息依照专业评价指标体系转化为量化的指标，一旦该指标达到了预警的阈值，那么专业预警机制的响应系统将会启动，并利用预警的材料经过分析、决策和处理等阶段提出相应的对策和解决预警所反映问题的措施。

三、基于"教学难度"评价的专业预警机制的建立

（一）基于"教学难度"的专业评价系统

"教学难度"也可称为"课程复杂度"，是指课程教授学习过程难度的一个指标，通过对高校教学活动规律及以往人才培养质量评价的过程和结果的研究我们发现，以被培养的学生总体作为观测对象的话，其接受培养后所获得的价值，即培养过程的教学效果，往往呈正态分布，若将学生人数作为 Y 轴，教学效果作为 X 轴的话，某一被评价群体的整体教学效果如图 1 所示。

那么，假设我们的人才培养目标如果可以用教学效果量化的话，我们发现，教学效果的曲线将围绕人才培养标准左右移动，如图 2 所示。

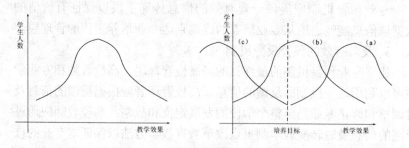

图1　教学效果—学生人数关系图　图2　培养目标—教学效果—学生人数关系图

通过图示不难发现，（a）曲线所代表的情况最为理想，其所有学生所获得的教学效果均达到了人才培养目标的要求，（c）曲线的情况

最差，其教学活动的结果完全偏离了人才培养的目标。大多数情况如（b）曲线在（a）和（c）间左右移动，令曲线左右移动的因素有很多，若我们把能够令曲线向左移动的所有因素统称为"教学难度"的话，那么，我们可以得出结论，人才培养的质量与人才培养目标和教学难度相关，在一个评价周期内，由于人才培养目标都应是恒定不变的，因此，人才的培养质量只与教学难度有关，所以，我们通过对教学难度的观测即可准确掌握专业培养质量和学生的专业学习状态的发展情况。

新体系提出"教学难度"的概念，并以其为教育评价的观测重点，从而，将人才培养质量评价的目标从完成培养过程的个体转移到整个人才培养活动的所有环节和阶段，将原来的单一评价结果转变为分阶段多次评价的动态的结果锁链。通过这个评价体系，高校管理者、教师和学生等所有人才培养的参与者都能及时准确掌握自身当前的工作学习的状态和成果对人才培养所能达到的质量所造成的影响，相比于以前传统的评价体系，我们的评价体系更加注重学生的专业学习质量，即从学生本身的满意度、专业与工作的相关度、晋升前景等更为深入和长期的指标反映就业中一些更深层次的问题。

（二）信息传递系统

专业预警机制关系着高校立足和发展的生命线。从根本上讲，专业预警机制实际就是一个信息流动的过程，其信息传递系统主要包括三个方面的内容。

1. 信息收集

为保证给专业评价系统使用的信息的准确性和时效性，应建立一个常设的机构，随时搜集相关信息，考虑到各专业所需的信息不同，而且各专业相关信息的采集还需要一定的专业知识，建议以专业为单位建立本专业相关信息的采集机构。

2. 预警信息的传递

我们需要保证信息传递系统能及时做出反应并能将预警信息在第一时间传递给决策者，以便及时对预警做出响应。

综上所述，我们要在专业预警机制中建立一个常设的、专业化的、随时待命的准确高效的信息传递系统。

　　（三）响应系统

　　响应系统是专业预警机制中处理专业预警信息的职能机构，由于其职能的特殊性，该机构应由高校决策者、相关专家和相关行业代表组成。它将由信息传递系统传递的预警信息进行分析和鉴定。对于预警级别较低的专业，响应系统根据专业评价系统反应的问题采取调整专业培养目标、加强师资队伍建设、改革教育方法等措施重新修正专业的发展方向使其逐步适应社会的需求；对于预警级别较高的专业，在必要的情况下启动专业退出机制，对社会认同度不高、就业质量差、师资队伍薄弱、软硬件不达标的专业，响应系统会视情况采取间断招生等措施，直至该专业被完全淘汰。

四、被预警专业的对策研究

　　对于预警级别较高的专业，如果高校决策者单纯地采取专业退出机制，那么不仅会造成人力、财力、物力的极大浪费，在这种情况下，按大类招生培养这一模式就成为了解决上述问题的有效手段之一。

　　按大类招生及培养的优点为实现新的人才培养目标，应该在人才培养模式和教学组织实施上进行根本性的改变。按大类招生及培养的出发点就是为了培养适应社会需要的人才，它较好地顺应了市场经济的发展及社会生活多元化对人才的要求，也符合当今国际高等教育教学改革的大方向。

　　第一，有利于促进学校院系调整和专业建设。当代科学技术呈现出的高度综合化趋势，对高校的学科发展、专业建设、教学内容、课程体系等一系列改革产生深远影响。按大类招生及培养能有效地在学校内部利用多学科的优势，对学生进行新的更全面的教育培养，以顺应科学技术发展综合化的趋势。

　　第二，有利于使"冷热"专业趋向平衡。由于受社会大气候和就业走向的影响，由于大类招生涵盖了多个专业，所以招生人数相对较多，这样一来，就降低了考生填报专业志愿的风险，考生调节余地大，被录取的可能性也较以前增大，并能吸引优秀生源报考。

第三，有利于体现"按需培养"的原则。近年来，考生在录取后要求调换专业有增多的趋势，但各专业教育资源的限制和教学计划的相对稳定等原因又制约了学生专业的调整，使大部分学生无法按照自己的意愿调整专业。而按大类招生及培养，一方面可使高校培养的人才专业口径宽、基础扎实、知识面广，具有一专多能和适应性强等特点。另一方面通过1～2年的按类培养，推迟了学生选择专业的时间，有利于考生更理智地选择适合自己发展的专业，选择自己将来愿意从事的事业，这无疑缩短了专业教育与用人市场的距离，有助于避免就业时的学非所用。

参考文献

[1] 廖益. 大学学科专业评价研究——以广东省高等学校名牌专业和重点学科为例 [D]. 厦门：厦门大学，2007.

[2] 乔妍. 专业化背景下农村小学教师自主学习研究——基于河南省J镇农村小学的调查研究 [D]. 南京：南京师范大学，2011.

[3] 汪敏. 上市公司盈余管理审计风险预警模型研究 [D]. 西安：西安科技大学，2011.

[4] 吴旭华. 高职计算机类专业实施大类招生的教改探索与实践 [J]. 吉林教育，2011（28）.

[5] 陈士夫. 关于地方高校大类招生培养模式的思考 [J]. 中国大学教学，2008（1）.

[6] 卢燕. 论高等教育大类招生培养模式的必然性 [J]. 浙江水利水电专科学校学报，2009（1）.